다정한 날들이 단단한 인생을 만들지

본문 속 외래어 표기는 국립국어원 외래어 표기법에 준했으나,
일부는 현지 발음이나 통용 표기를 따랐습니다.

다정한 단단한
날들이 인생을 만들지

임희재 에세이

프롤로그

스물두 살, 나는 대학을 졸업하고 파리로 유학을 떠났다. 생전 처음 마주한 낯선 언어와 생활 속에서 자주 부딪히고 실수하고, 또 웃으며 조금씩 성장해갔다.

예상치 못한 곳에서 친절을 베푸는 사람들, 언제 어디서나 주고받는 다정한 말 한마디, 사람과 사람 사이에는 늘 존중과 배려가 있었다. 어린 나이에 홀로 낯선 도시에서 살아가던 내가 외롭지 않을 수 있었던 건 손을 내밀면 언제든 잡아주던 따뜻한 사람들 때문이었다. 그리고 그런 모든 순간들은 지금도 마음 깊이 선명하게 남아 있다.

유학을 마치고 한국으로 돌아온 후에도 프랑스와 독일에서 오랜 시간 쌓은 경험과 배움은 여전히 내 일상의 깊은 곳에 스며 있다. 낯선 곳에서 나를 지켜준 사람들이 건넨 친절과 말 한마디에 깃든 존중, 그리고 마음을 열면 누구와도 다정하게 연결될 수 있다는 확신.

지금 나는 한국에서의 평범한 나날들 속에서 새로운 사람들을 만나고, 대화를 나누며, 내가 받았던 친절을 다른 이들과 함께 나누는 삶을 누리고 싶다. 그 경험들이 남긴 것은 단순한 추억이 아니라 세상을 바라보는 눈과 타인을 대하는 열린 마음이었기에, 나 또한 누군가에게 그런 사람이 되기를 희망하며 살아간다.

이 책은 유럽에서 유학생활을 하며 조금씩 변해가던 나의 태도와 시선, 그리고 그 안에서 다시 만나게 된 '나'에 관한 이야기다. 누구나 한 번쯤은 낯선 세상 속에 혼자가 된 듯한 기분을 느껴본 적이 있을 것이다. 그럴 때 이 책이, 어딘가 허전한 마음을 살며시 감싸주는 작은 위로가 되기를 바란다.

인종과 언어를 넘어, 사람과 사람 사이에서 태어난 이 이야기의 페이지를 넘기며 당신의 얼굴에도 미소가 번지기를, 그리고 이 책 속 순간들이 당신의 이야기로 이어지기를 바란다.

내게 아름다운 20대를 파리에서 보낼 수 있는 기회와 삶을 기꺼이 선물해준 사랑하는 엄마와 아빠께 진심어린 감사를 전한다.

2025년 8월

임희재

차례

프롤로그 5

1부

나의 친절한 프랑스 이웃들 15

슈퍼마켓에서 장을 보면 20

마법의 단어들 25

비결은 열정과 진솔함 29

프랑스식 스파링장 34

예스맨에서 노맨으로 39

속이 꽉 찬 존중 45

어느 늦은 밤 귀갓길 50

순례길의 '뽀까' 54

2부

시끄러운 내향인들 61

모두 다 이루어져라 66

행동파 남자 72

나는 나, 너는 너 80

부모와 자식의 독립 87

동거도 결혼도 아니야 91

꼬마 친구 사샤 94

나의 울타리, 나의 버팀목 101

남프랑스 별장으로 106

낭만과 이성과 멋 111

3부

파리에서 쾰른으로 117
매운맛 밥 싸움 123
한국 음식 트라우마 129
세상에서 가장 잔인한 언어 134
모국어의 텅 빈 자리 136
수술대에 눕다 141
고약하고 유치한 애정 150
독일에서 만난 진짜 보수 155
나의 두번째 부모님 158
헛헛한 속을 채우려고 167

4부

내 취향의 원산지는 프랑스 175

나 홀로 이태원 생활 184

사회적인 빈집 털이 190

이십대의 사랑과 복지 195

낭만이 나라를 구한다 200

천사들이 동에 번쩍 서에 번쩍 205

내가 너를 좋아해 210

시골 달걀과 도깨비 214

에필로그 | **그들이 떠난 자리에는 다정함이 남았다** 218

1부

나의 친절한
프랑스　이웃들

집에서 여유를 부리던 늦은 밤, 갑자기 탁 하고 온 집 안의 불이 꺼졌다. 스위치를 다시 올려도 불이 들어오지 않는 걸 보니 두꺼비집이 내려간 것 같았다. 힘겹게 두꺼비집을 찾아냈건만 한국 것과는 완전히 모양새가 달랐다. 스위치를 위로 올리는 구조도 아니고 알 수 없는 전선과 버튼들만 가득했다. 전기가 아예 끊기거나 감전 사고로 이어질 수 있어 함부로 건드릴 수 없었다. 자정이 다 되어가는 시간이라 수리공을 부를 수도 없었고.

고민 끝에 경찰 아저씨네가 사는 옆집 문을 두드렸다. 그 가족들과는 복도에서 가볍게 인사만 하는 사이라 부탁하기가 민망했지만 별다른 선택지가 없었다. 꽤 늦은 시간이라 욕먹을 각오도 했다. 나 때문에 자다가 깼는지 아저씨는 초췌한 몰골로 인상을 쓰며 문을 열었다.

"안녕하세요. 우선 늦은 시간에 죄송해요. 옆집에 혼자 사는 학생인데요. 지금 도와줄 사람이 없어서 급하게 문을 두드렸어요. 이곳에 가족도 친구도 없거든요. 집에 전기가 나가서 불이 들어오지 않는데 혹시 도와주실 수 있나요?"

그는 귀찮다는 표정으로 집에서 공구통을 들고 나왔다. 잠옷 차림으로 우리집에 들어간 그는 내 손에 플래시를 쥐여주며 자기가 두꺼비집을 고치는 동안 잘 비추고 있으라고 했다. 그는 두꺼비집을 많이 고쳐보았는지 장갑을 끼고 렌치로 무언가를 능숙하게 조이고 풀었다. 피곤한 기색과 툴툴거리는 말투와 함께. 베테랑의 손길이 닿은 지 몇 분이었을까. 불이 탁 켜지면서 집 안이 환해졌다. 나는 아저씨에게 몇 번이고 고맙다고 인사했다. 아저씨는 역시나 무심하게 "드 리앵 *de rien*"이라 답했다.

그날 이후로 복도에서 아저씨를 마주치면 우리는 활짝

◉ '천만에요'라는 뜻으로, '메르시(merci, 감사합니다)'에 대해 화답하는 표현이다.

웃으며 반갑게 인사를 건넸다. 예전에는 형식적으로 봉주르*bonjour*를 말했다면, 두꺼비집 수리 이후에는 그간 별일 없었냐는 질문도 추가되었다.

이사간 집에서 살 때도 비슷한 일이 있었다. 외관은 화려했지만 몇백 년은 된 건물이라 수도시설이 상당히 노후했다. 그래서 화장실을 조심히 써야 했고 특히 변기에 휴지를 소량만 넣어야 했다.

어느 날 하수도관에 휴지가 많이 쌓였는지 변기 레버를 내리자마자 변기가 턱 막혀버렸다. 불행 중 다행으로 역류하지는 않았지만 집에 뚫어뻥이 없어 당장 변기를 손볼 수 없었다. 더군다나 이곳은 화장실 찾기가 하늘의 별 따기인 파리. 집 근처에 공중화장실이 어디 있는지도 모르고 주변에 있더라도 24시간 열려 있지 않아 무용지물이었다. 더 당황스러운 것은 내가 뚫어뻥을 프랑스어로 뭐라 부르는지 몰랐다는 것이다. 지금이야 스마트폰으로 개방된 화장실을 검색하거나 프랑스어 사전에 뚫어뻥을 쳐봤겠지만, 그때는 '구글 번역' 앱조차 없었다. 결국 나는 종이에 뚫어뻥을 그리고 옆집 문을 두드렸다. 이사한 지 얼마 안 되어서 옆집 사람들과 인사한 적도 없었지만 그런 걸 따질 때가 아니었다.

잠시 후 한 꼬마가 문을 열고 나왔다. "혹시 너희 집에 이거 있니?" 하고 종이를 꼬마 얼굴에 들이밀었다. 아이는 곧바로 "아빠! 좀 와봐!"라고 소리쳤다. 한달음에 달려나온 아저씨는 나더러 무슨 일이냐고 물었고 나는 화장실에서 쓰는 '이거' 있냐며 그림을 가리켰다. 그는 개떡 같은 내 그림을 찰떡같이 알아들었는지 뚫어뻥을 가져왔다.

"갑자기 화장실 변기가 막혀서요. 당황스럽더라고요."

"집에 가서 한번 봐도 괜찮을까요?"

그길로 우리집에 들어간 아저씨는 뚫어뻥으로 수도관을 향해 마구 펌프질했고, 변기 레버를 수차례 누르며 물이 시원하게 내려가는지도 확인했다. 또 이런 일이 생기면 그때도 자기를 부르라는 말과 함께 아저씨는 집으로 돌아갔다.

그다음 날부터 나는 꼬마 가족들에게 생글생글 웃으며 손을 흔들었고 아저씨는 그때마다 화장실에 문제없느냐고 안부를 물었다.

내가 오랫동안 외국에서 혼자 살았다는 말을 하면 사람들은 으레 이 질문을 던진다. 무슨 일이 생기면 혼자 어떻게 했느냐고. 내가 입 밖으로 꺼내는 답은 항상 같다. "이웃이 있었죠."

내가 난처한 표정으로 도움을 요청했을 때 단칼에 거절하거나 모른 척한 프랑스 이웃은 단 한 명도 없었다. 하나같이 자기 일처럼, 친구 일처럼 발 벗고 나서주었다. 그래서 나는 혼자서 해결하기 어려운 일을 마주해도 불안해하지 않았다. 이웃이라는 든든한 뒷배가 있었으니까.

내가 남에게 폐를 끼치고 싶지 않아도 우리는 누군가의 도움을 받고 살아간다. 그러니 이웃들에게 미리 호감 포인트를 적립해놓으면 어떨까? 갑자기 옆집 초인종을 눌러야 하는 일이 생길지도 모르니까.

슈퍼마켓에서
장을
보면

　　　　　　　　　　　　　　　　유학 시절, 내가 수다스러운 파리지앵을 가장 많이 만난 곳은 바로 슈퍼마켓이었다. 프랑스는 대형마트뿐만 아니라 슈퍼마켓, 재래시장, 동네 벼룩시장에서 장을 볼 수 있는데, 공간마다 풍기는 분위기와 정서가 달라서 그곳들을 돌아다니는 재미가 쏠쏠했다. 그래서 나는 살 물건이 딱히 없어도 종종 마트나 시장을 구경했다. 그러다 눈을 똥그랗게 뜨고 다가오는 파리지앵을 만났다.

　한번은 마트에서 수박을 살 때였다. 프랑스는 마트에 수박을 가득 쌓아두는데 달콤하고 시원한 맛에 값도 저렴해서 자주 사 먹었다. 나는 그때마다 한국인들이 으레 그렇듯 손바닥으로 수박을 하나씩 두드렸다. '통통' 소리가 청명하게 들리면 합격, 텅 빈 소리나 둔탁한 소리가 들리면 불합격이었다. 프랑스 아주머니들에게는 그런 내 모습이 신기했나보다. 아주머니 두세 명이 내게 다가와 뭐 하는 중이냐고 물었다. 그래서 나는 수박을 손수 두드리는 이유를 설명했다.

"이렇게 손바닥으로 쳤을 때 수박에서 울림이 느껴지잖아요. 그 울림이 깊을수록 싱싱하고 당도가 높아요. 탁한 소리가 나면 맛없는 수박이라는 거고요."

그 말이 끝나기 무섭게 주변에 있던 아주머니들이 일제히 수박을 두드리기 시작했다. 한 아주머니는 수박 한 개를 골라와 나에게 잘 골랐는지 봐달라고까지 했다. 탱탱한 울림이 느껴지길래 "아주 잘 골라오셨어요!"라고 칭찬해드렸고 아주머니는 활짝 웃으며 수박을 카트에 담았다.

멜론을 고를 때도 비슷한 일이 있었다. 프랑스에서 멜론은 흔한데 싸고 맛있기까지 해서 장 볼 때마다 하나씩 사 오곤 했다. 나는 최상의 멜론을 찾기 위해 멜론 밑바닥에 코를 바짝 대고 향을 맡았다. 그 향이 짙을수록 멜론의 당도가 높기 때문이다. 이미 한국 주부들 사이에 일파만파 퍼져 있는 방법이지만 프랑스에는 알려지지 않았는지 내가 멜론 향을 맡고 있으면 지나가던 프랑스 할머니, 젊은 여성, 아저씨 할 것 없이 나를 신기하게 쳐다보았다. 꼭 한 명씩 멜론에 코를 바싹 들이미는 이유를 물어왔고 나는 내 비법을 소개해줬다. 그러자 지나가던 다른 프랑스인들이 너도 나도 멜론을 집어들어 향을 맡기 시작했다. 한 할머니는 멜론 하나를 골라 나에게 오시더니 고맙다고 인사까지 하셨다. "세상에, 네 말이 맞네! 내가 맡아보니까 달콤한 향기가 나는 것이 있고 향기가 안 나는 것이 있네."

슈퍼마켓에 알배추가 들어오는 날이면 나는 알배추 여러 개를 손에 들어보았다. 속이 꽉 차 있을수록 알배추가 무거워지기 때문에 무게를 비교해보기 위해서였다. 그러면 꼭 프랑스인들이 이 채소는 어떻게 먹냐고 질문했다. 그때마다 나는 난감한 기색을 숨겨야 했다. 한국인은 주로 배추로 김치를 담가 먹는다고 말하면, 그들이 김치를 만드는 과정을 궁금해할 게 뻔했기 때문이다. 어디서부터 어떻게 설명해야 할지 막막하니 대강 말을 흐릴까 했지만 그들의 초롱초롱한 눈을 모른 체할 수 없었다. 결국 나는 한국에서 배추로 무얼 만들어 먹는지부터 배추김치는 어떻게 담그는지까지 십 분

동안 브리핑했다. 그러면 그들은 한참이나 서서 내 설명을 경청했다. 고춧가루와 액젓, 젓갈은 프랑스에서 구하기 어려운 식재료라 집에서 만들 수 없는 음식인데도 그들은 귀를 쫑긋 세우고 김치에 대해 배웠다.

최근 파리에 사는 친한 친구가 프랑스인들이 한국 음식에 많은 관심을 보인다는 이야기를 전해왔다. 그가 김치를 담그는 수업을 열었는데 수강생들도 많고 대기자까지 있다고 말했다. 한국산 고춧가루와 다른 김장 재료가 한정적이라 모든 신청자를 전부 받아주지 못해서 아쉬웠다고 덧붙였다. 프랑스에서 K-POP이 큰 인기를 끌면서 한식을 궁금해하는 프랑스인들이 더 많아진 듯했다.

프랑스는 미식의 나라답게 다양한 요리를 즐기는 문화가 자연스럽게 자리잡았다. 처음 접하는 음식에도 거리낌 없이 다가간다. 그 바탕에는 다른 문화에 대한 호기심과 새로움을 기꺼이 받아들이는 개방적인 태도가 있다. 그러니 내가 과일과 채소를 고르는 모습이 프랑스인들의 궁금증을 자아낸 것은 어찌 보면 당연한 일이다. 예상치 못한 곳에서의 대화는 나의 파리생활에 소소한 행복을 주었다. 처음 보는 사람이 내게 먼저 말을 걸고 그들과 잠시나마 일상을 나누는 시간에는 작지만 분명한 따듯함이 있었다.

    그런 경험들이 있기에 파리에서 나는 혼자라서, 외국인이라서 외롭다고 느꼈던 적은 없었다.

마법의 단어들

'봉주르.' 프랑스에 살면 하루에 못해도 열 번은 해야 하는 말이다. 프랑스에서는 누군가와 눈을 마주치면 무조건 인사해야 하기 때문이다. 그래서 나는 파리에서 버스를 타도, 장을 보러 슈퍼마켓에 가도, 엘리베이터에서 이웃을 만나도, 카페에서 모르는 사람을 스쳐도 조건반사처럼 봉주르를 외쳤다.

그만큼 프랑스에서 인사는 기본 중의 기본이다. 프랑스 부모가 자식에게 '봉주르' '메르시*merci*' '실 부 플레*s'il vous* *plaît*⬤'를 가장 먼저 가르친다고 할 정도다. 이 세 단어를 들으면 상대에게 친절해질 수밖에 없다고 하여 '마법의 단어'라고 불린다.

파리에서 지낸 10년 동안 내가 마법의 세 단어와 '오 르부아르(au revoir, 안녕히 계세요)' '파르동(pardon, 미안합니다)'을 얼마나 말하고 다녔는지 헤아릴 수 없다. 최소 수천만 번은 하지 않았을까? 나도 처음부터 적극적으로 인사하지는 않았다. 모르는 사람에게 인사를 받을 때마다 봉주르라고 얼버무렸다. 누군가와 눈이 마주치면 곧바로 인사하는 문화가 영 어색했다. 하지만 먼저 인사하고, 정중하게 부탁하고, 어깨를 부딪히자마자 미안하다고 말하고, 숨쉬듯 감사해하는 사람들을 보며 어느새 나도 반갑게 인사를 건네고 있었다.

식당이나 카페에 들어설 때면 나는 더 예의를 차렸다. 인사도 안 하고 자리에 앉았다가는 직원이 손님에게 존중받지 못했다고 느껴 불친절해질 수 있기 때문이다. 프랑스에서는 직원의 안내를 기다리고 음식을 받을 때마다 감사하다고 말하는 것이 기본적인 예의다. 프랑스 식당이나 카페에서 인

⬤ '부디' '제발'이라는 의미로 영어의 '플리즈 *please*'와 같은 맥락에서 쓰인다.

종차별을 당했다는 한국인들의 글이 SNS에 종종 올라오는데, 그들이 한국에서처럼 행동했다가 싸늘한 직원을 만났을 가능성이 크다. 인권 감수성이 풍부한 나라답게 손님에게 하대받은 것 같다고 느끼면 직원들은 그 즉시 '냉대' 스위치를 켜는데, 프랑스 문화에 익숙지 않은 한국인은 그 스위치를 인종차별로 받아들였을 테다. 문화 차이에서 비롯된 오해다. 그만큼 프랑스에서는 인사 문화가 중요하다. 하지만 만약 인사도 잘하고 정해준 테이블에 앉고 직원을 먼저 부르지도 않았는데도 직원이 불친절했다면, 그건 인종차별일 수 있으니 그때는 당당하게 쏘아붙여도 된다.

인사를 수없이 했던 유학생활을 끝내고 한국으로 돌아온 후 나는 한동안 왜 한국에서는 아무도 인사하지 않는 걸까, 의문을 품었다. 언제나 어디서나 누구에게나 안녕을 빌다가 갑자기 인사하지 않으려니 스스로가 건조하게 느껴지기까지 했다. 그래서 나는 유럽에 있었을 때처럼 한국에서도 손을 흔들기 시작했다. 가게에 들어서면 직원과 눈을 마주치고 '안녕하세요' 하고, 버스나 택시 기사님들에게 다정한 눈길을 보내며 인사를 건넨다. 그러면 모두들 기분좋게 인사를 받고 나에게도 따스한 안녕을 빌어준다. 그렇게 매일 마음을 주고받는다.

안녕하세요, 감사합니다, 이 짧은 다섯 글자는 순식간에 공기를 데우고 얼굴에 미소를 머금게 한다. 정말 마법 같은 단어다.

당신의 미소를 상상하며 인사를 건네본다.

안녕하세요. 감사합니다.

비결은 열정과 진솔함

프랑스에는 한국에서 유학을 오는 학생들이 정말 많다. 파리의 음악원, 내 이십대를 보낸 곳이자 나의 음악 세계를 넓힌 곳이다. 내가 그곳에서 유학했다고 하면 다들 그 학교에 어떻게 들어갔느냐는 질문을 자주 던진다. 내가 엄청난 합격 비결을 가지고 있다고 생각하는 모양이다. 하지만 나는 그저 음악을 더 공부하고 싶다는 열망을 품고 음악원에 발을 들였다.

음악원 입학시험 전, 교수님을 찾아뵀었다. 한국 유학생 선배들이 교수님과의 면담이 입학에 도움된다고 알려줬기 때문이다. 면담 시간에 맞춰 교수님 연구실에 갔더니 이미 그 앞에 많은 학생들이 줄지어 있었다.

"너는 왜 이 학교에 시험을 보러 왔니?"

연구실 문을 열고 들어온 내게 교수님은 이 질문을 가장 먼저 꺼내셨다.

"원래 저는 다른 학교에서 시험을 보려고 했어요. 한 달 전에 그 학교의 A교수님을 뵀었는데 A교수님이 프랑스에서 저를 가장 잘 지도해주실 분은 교수님이니 꼭 찾아가보라고 조언해주시더라고요. A교수님은 제가 이 학교에서 불합격하면 그때 저를 흔쾌히 받아주겠다고 하셨고요."

면담에서 어떤 질문이 나올지 몰라 미리 준비하지 못했기에 나는 그 자리에서 즉석으로 지원 동기를 꾸며낼 자신이 없었다. 그래서 가장 솔직한 답을 내놓았다. 너무 가감 없이 말했나, 살짝 걱정하고 있는데 교수님은 매우 환한 얼굴로 웃으셨다.

"A교수가 나를 찾아가보라고 했다는 말이지?"라고 하시고는 나에게 준비해온 곡을 불러보라고 하셨다. 내가 연습하던 오페라 아리아 서너 개를 말씀드리자 교수님이 한 곡을 고르셨다. 나는 평소에 연습하던 것처럼 최대한 담담히 노래했다. 교수님은 몇 분 들으시더니 내 노래에 대해서는 어떠한 평가도 없이 "시험 날까지 준비 열심히 해오렴"이라는 말만 남기셨다.

2주 뒤 입학시험 당일, 프랑스 학생들부터 유럽권, 비유럽권 유학생들까지 다양한 국적의 학생 50여 명이 대기실에 앉아 있었다. 전 세계 내로라하는 학생들이 이곳에 모였겠지 하고 잠시 긴장했었지만 그간 갈고닦았던 내 실력을 보여주고 나오자는 생각과 함께 시험을 무사히 마쳤다.

그해 성악 전공 입학생은 총 여섯 명, 그중 다섯 명은 프랑스인이었고 외국인들 중에서는 나만 유일하게 합격증을 받았다. 당시 한국인 지원자가 꽤 많았고 나는 당연히 나보다 더 좋은 학교를 졸업한 한국인이 붙으리라 짐작했다. 그래서 합격자 발표 시간까지 더 초조해했다. 그런데 웬걸, 내 이름이 합격자 명단에 올라와 있었다. 그 세 글자를 보며 나는 어안이 벙벙했다.

그다음 해에는 한국 유학생 열여섯 명이 시험을 봤으나 전원 불합격이었다. 음악원의 합격 기준이 한국 학생들과는 잘 맞지 않나 의문이 들어 담당 교수님께 여쭈어봤다.

"교수님, 왜 한국 학생들을 다 떨어뜨리신 거예요?"

"난 잘하는 학생을 뽑는 게 아니야. 나와 제대로 공부할 준비가 되어 있는 학생을 뽑는 거지."

그때 알았다. 내가 다른 학생들보다 월등히 잘해서 합격한 것만은 아니었다는 사실을.

음악원뿐만 아니라 세계적으로 유명한 '파리국립고등미술학교'에서도 학벌은 그리 중요치 않았다. 그곳에서 미술을 공부하는 친구에게 들어보니 한국 최고의 미대로 손꼽히는 명문대 출신이 입학시험에서 떨어지는 경우도 있고 지방대에서 미술을 전공한 학생이 합격하는 경우도 더러 있었다. 나중에 그 친구에게 입학 기준이 도대체 무엇이냐고 물었더니, 자기 작품을 교수한테 분명히 설명하고 교수를 이해시키는 게 가장 우선시된단다. 남들이 보기에 그림이 엉망일지라도 말이다.

유럽에서 한국식 학벌주의는 통하지 않았다. 학생 본인이 무엇을 하고 있는지, 무엇을 어떻게 공부하길 원하는지 등 자신과 자신을 둘러싼 환경에 대해 정확하게 인지하고 타인에게 설명할 줄 아는 것이 가장 중요했다. '너 자신을 알라'라는 소크라테스의 말은 여전히 유럽에서 진리로 통하고 있었다. 그러니 '좋은 대학을 나오지 않았으니까 유학은 꿈도 못 꾸겠지' 같은 생각은 할 필요 없다. 어차피 한국에서 어느 학교를 졸업했는지는 해외에서 대수롭지 않게 여기고 아무도 묻지 않는다. 기죽어 있을 시간에 나에 대한 새로운 사실을 하나라도 더 파헤치는 편이 훨씬 낫다. 그 시간에 우리 자신을 알자.

프랑스식 스파링장

　　　　　　　　　　스물두 살 여름, 부푼 꿈을 가득 안고 비행기에 올라탔다. 목적지는 프랑스 파리. 그 시작은 대학에서 전공한 성악을 더 공부하고 싶다는 바람이었다.

　대학교 졸업 즈음, 유학을 가겠다는 계획은 세웠으나 어디로 갈지 꽤 오랫동안 고민했다. 당시 많은 선배와 동기들은 미국의 줄리아드음대나 맨해튼음대를 지망했고 두 곳 다 내로라하는 학교지만 내게는 그다지 매력적인 곳이 아니었다. 나의 우선순위는 공부하는 환경, 다시 말해 새로운 언어와 문화를 배울 수 있는 환경이었기 때문이다. 미국 문화는 이미 한국에서 간접적으로 경험했고 영어도 충분히 구사할 수 있으니 나는 낯선 환경에서 도전해보고 싶었다. 그래서 예술의 도시이자 역사가 깊은 곳, 낭만이 흘러넘치는 곳, 프랑스로 떠났다.

파리에 도착하기만 하면, 음악원에서 공부하기만 하면 모든 것이 해결될 줄 알았건만. 환경이 달라진다고 세상 물정도 모르고 자아를 찾지도 못한, 천진난만한 이십대 초반 학생이 한순간에 달라질 리 없었다. 나는 한낱 철부지에 불과했고 특히 학교에서 프랑스 또래들과 어울릴 때 나의 부족함은 그대로 드러났다.

프랑스 친구들은 자신이 가진 지식을 바탕으로 대화하기를 즐겼다. 정치, 역사, 사회문제 등 신문과 뉴스에 언급되는 이야기로 자주 토론하고, 내가 처음 듣는 철학자들의 말을 근거로 썼다. 나는 잘 모르는 내용이라 잠자코 앉아만 있었는데 늘 대화가 격양되었다. 한 사람이 말하는 와중에 다른 사람이 끼어들어 반박하고, 그 의견에 또다시 반박을 거듭했다. 유학생활 초기에는 대화가 말싸움으로 번질까봐 걱정했었다. 친구들의 목소리는 거세지고 말의 속도가 점점 빨라졌기 때문이다. 하지만 가만 들어보니 어조가 격앙되었을 뿐, 그들은 논리적인 근거를 들어 자신의 입장을 피력하고 상대의 주장을 귀담아듣고 있었다. 여느 대학생들처럼 가십거리를 주고받거나 서로 연애 상담을 해줄 줄 알았는데, 신문에서나 볼 법한 이야기를 주고받는 그들의 대화방식은 큰 충격이었다. 내 또래임에도 불구하고 프랑스 친구들은 훨씬 어른스럽게 사고하고 있었다. 나는 그들의 대화를 따라가며 내가 스스로를 잘 모르는 사람이라는 사실을 깨달았다. 사회의 일원으로서 최근 떠오르는 이슈에 관심을 가져야 한다는 반성도 뒤따라왔다.

프랑스인은 대화에서도 서로의 자유를 존중하고 비판적인 사고를 장려하며 다양성을 수용하는 모습을 보였다. 얼핏 보면 실랑이처럼 보일 수 있지만 그들은 진심을 다해 의견을 나누었고 그 과정에서 항상 상대를 존중했다. 자신과 생각이 다르다고 해서 상대를 비난하는 모습은 전혀 찾아볼 수 없었다. 어렸을 때부터 깊은 대화를 통해 사고를 확장해온 덕분에 다양한 사람들과 이야기를 나누며 인문학적 소양을 쌓고 자기 세계를 넓혔다.

그러한 마음가짐으로 다른 문화도 존중했다. 문화적, 종교적 이질감 때문에 새로운 문화를 이해하는 데 익숙지 않았던 나와 달리, 음악원 동기들은 이슬람권, 아시아권 등 지구 여러 나라에 관심을 가졌다. 한 친구는 북한을 여행하고 싶다고 말할 정도였다. 북한이라는 나라를 경험해보고 싶다는 이유 하나만으로. 어릴 때부터 이분법적인 남북관계와 반공 교육을 받아온 나에게는 그 친구의 말이 큰 충격으로 다가왔다. 하지만 친구들이 모든 문화를 우호적으로 받아들인 건 아니다. 중국 정부의 위구르 탄압에 대해 문제를 제기하면서 '하나의 중국' 정책에 강력히 반대하기도 했다. 이처럼 기본적으로 개인과 각 나라의 입장을 인정했지만 인권이라는 대전제를 위반하는 행위에 관해서는 대쪽 같은 태도를 보였다.

음악원에 들어가고 몇 주 동안 나는 대화 중간에 끼지도, 내 생각을 자유롭게 말하지도 못했다. 프랑스인이 말하는 속도를 따라가지 못할뿐더러 그들이 말하는 정치적, 사회적 이슈를 이해하지 못했기 때문이다. 어떻게든 쫓아가고자 귀를 쫑긋 세웠지만 대화를 100퍼센트 알아듣기란 쉽지 않았다. 하지만 그들을 지켜보며 두 가지는 확실히 배웠다. 자기 생각을 설득력 있게 전달할 줄 알아야 한다는 것, 상대를 존중하고 그의 말을 경청해야 한다는 것.

그래서 나는 뉴스를 보며 머릿속으로 생각을 정리하고 그다음 날 친구들에게 어제 뉴스 봤느냐며 대화 주제를 먼저 꺼내기 시작했다. 처음에는 대화를 이끌어가야 한다는 부담감이 있었지만, 친구들과 함께하는 시간이 길어질수록 적극적으로 의견을 제시하는 데 능숙해졌다. 그 과정을 몇 번 반복하다보니 내가 누구보다 사회 이슈에 민감한 사람이 되었다.

    열린 마음으로 상대를 대하는 정신, 서로의 세상을 확장하는 심도 있는 대화를 품고 한국으로 돌아왔다. 그때의 선택을 자부하며 오늘도 나는 외신을 찾아 읽는다.

예스맨에서 노맨으로

'네.' '위*oui*.' '예스*yes*.' 나는 모든 것을 수긍하는 예스맨이었다. 질문을 받으면 '네'라고 답하고, 내 의견을 내세우기보다 다른 사람을 따라가는 사람 말이다.

성악 수업을 마치고 잠시 쉬는 시간, 나는 레슨실에 혼자 앉아 있었다. 저 멀리서 지도 교수님이 저벅저벅 걸어오시더니 내 옆에 앉으셨다.

"너 그거 아니? 네가 내 학생들 중에 가장 쉬워. 왜 그런 줄 알아? 넌 내가 무슨 말을 해도 항상 '위, 위*oui, oui*'라고만 말하잖아. 한 번도 '농(non, 아니요)!'이라 대답한 적이 없어. 다른 학생들은 내 말을 반박하고 나에게 불평을 털어놓고 또 가끔은 내가 틀렸다고 지적하기도 해. 그런데 너는 무조건 알겠다고 답하더라."

순간, 나는 망치로 머리를 세게 맞은 것 같았다. 멍한 느낌이 사그라들 즈음 모욕감이 찾아왔다. 살면서 내가 이런 말을 들을 줄이야. 그것도 내가 존경하는 교수님께. 그동안 교수님이 나를 그렇게 생각하셨다는 사실에 괴로운 마음을 주체하지 못하고 다음 수업에 집중하지 못했다.

집으로 돌아와 곰곰이 생각해보니 교수님 말씀에는 나를 오랫동안 지켜본 시간과 나에게 어떻게 이야기할지 고민한 흔적이 묻어 있었다. 교수님은 내가 먼저 손을 들 때까지 기다리고 계셨던 것이다.

한국에서 대학을 다닐 때는 교수님, 하물며 선배한테도 내 생각을 밝힌 적이 없었다. 한국 사회의 암묵적인 규칙상 아랫사람은 윗사람에게 자신을 드러내면 안 되고, 입을 꾹 닫고 있어야 한다고, 의견을 피력하면 당돌해 보일 거라고 생각했다. 스승의 그림자도 밟으면 안 된다는 유교적 사고방식에 세뇌되어 있었다.

그런데 프랑스에서는 그런 사고방식을 어디서도 찾아볼

수 없었다. 누구나 자신이 모르는 것을 묻고, 불편하거나 부당하다고 느끼는 것을 거리낌 없이 이야기하는 나라에서 혼자 입을 다물고 있는 내가 교수님 눈에 많이 띄었을 것이다.

교수님의 지적 이후 '리스너'로 살았던 20년을 뒤로하고 이제는 '스피커'로 살겠다고 굳게 다짐했다. 교수님이 과제로 주신 오페라 곡이 마음에 들지 않으면 "교수님, 저 이거 하기 싫어요"라고 솔직하게 말했다. "네…… 할게요"라고 얼버무렸던 과거의 나는 온데간데없었다. 내가 하고 싶은 곡은 무엇인지, 왜 이 곡을 꼭 해야 하는지, 이 곡에서 어느 부분을 왜 좋아하는지, 어떻게 가사를 살려 부를 건지 등 나의 계획을 빠짐없이 말씀드렸다. 그러면 교수님은 "이제 프로페셔널해졌구나. 앞으로도 쭉 그렇게 가는 거야!"라며 칭찬을 아끼지 않으셨다. 교수님의 응원에 힘입어 그 학기를 무사히 마칠 수 있었다.

그해 여름방학 3개월간 나는 잠시 이탈리아 로마에 있었다. 로마오페라극장에서 활동하는 소프라노에게 레슨을 받기 위해서였다. 방학 동안 실력을 늘리려고 인터넷에서 여름방학 마스터클래스를 찾아보다가 그의 프로그램을 신청하게 되었다. 그렇게 무더운 여름 내내 로마에서 꼼짝없이 성악을 공부했다.

열정 가득했던 방학이 끝나고 음악원으로 돌아간 날, 교수님은 그동안 어떻게 지냈느냐며 내 안부를 물어보셨다. 교수님께 양해를 구하지 않고 실기 레슨을 수강했던 터라 나는 사실대로 말할지 말지 잠시 고민했다. 학생이 당신의 허락 없이 교육 방식과 음악 스타일이 다른 사람에게 수업을 받았다고 하면, 교수님들 대부분이 불편한 기색을 보이기 때문이다. 하지만 내 근황을 궁금해하는 교수님의 눈을 보자니 거짓말을 할 수가 없었다. 결국 소프라노에게 수업을 들으러 이탈리아에 다녀왔다고 솔직하게 말씀드렸다. 그러자 교수님은 환하게 웃으며 나를 안아주셨다.

"아주 잘했어! 이탈리아에서 공부해보니 어땠니? 나와는 어떤 점이 다르던? 3개월간 네가 무엇을 배웠고 얼마나 성장했는지 기대되는구나. 어서 말해보렴."

교수님은 초롱초롱한 눈빛을 보내며 내 이야기에 귀를 기울이셨다. 말도 없이 레슨을 받았느냐며 타박하실 줄 알았는데 진심으로 나를 기특해하셨다.

그후로도 교수님은 나의 선택을 지지해주시고 매번 새로운 경험에 뛰어들라며 격려해주셨다. 덕분에 나는 하루하루 자존감을 찾았고 무럭무럭 더 자랐다. 교수님과의 관계도 날이 갈수록 돈독해졌다. 그렇게 교수님께 혼나지 않고 졸업했다면 얼마나 좋았겠냐만, 교수님은 한번 더 내게 호통을 치셨다.

오케스트라 지휘자가 학교에 온 날이었다. 지휘자는 매년 6월 21일에 열리는 '프랑스 음악 축제*Fête de la musique*'에서 아리아를 부를 소프라노 솔로를 한 명 추천해달라고 교수님을 찾아왔다. 유명한 지휘자를 마주하는 건 처음이라 나는 지휘자와 교수님을 멀뚱멀뚱 쳐다보고 있었다. 그런데 갑자기 교수님이 이번 공연을 한번 해보라며 지휘자와 둘이 나가서 이야기해보라고 나에게 고개를 돌리셨다.

지휘자는 어안이 벙벙한 나에게 아리아 악보를 건넸다. 내가 악보를 보며 어떻게 노래할지 머릿속에 그림을 그리고 있는데 지휘자가 말을 걸었다. "8분 정도 되는 곡인데 잘할 수 있겠죠? 공연비는 150유로예요." 나는 자신 있다고, 좋은 경험을 쌓고 싶다고 대답하고는 레슨실로 돌아갔다. 교수님께는 공연하기로 했고, 150유로를 받는다고 말했다. 그러자 교수님은 버럭 화를 내셨다.

"너는 지휘자가 150유로를 제시했을 때 순순히 알겠다고 하면 어떡하니? 앞으로 저 지휘자는 다른 학생들에게도 그

액수를 요구하게 될 거야. 더 달라고 협상할 줄도 알아야지. 그건 너의 권리야. 앞으로는 네가 원하는 금액을 당당히 제안하도록 해."

교수님은 적은 공연비에 분노하시는 게 아니었다. 내가 연습에 쏟았던 시간과 노력, 나의 능력에 대한 가치를 인정받아야 한다는 사실을 일러주셨다. 나는 아직 학생이니 150유로도 충분하다고 생각했다. 정당하지 않은 대가가 다른 예술가들에게 끼칠 영향을 미처 고려하지 못했다. 교수님 말씀을 듣고서야 정신이 번쩍 들었다. 교수님이 강의시간에 자주 강조하던 예술가의 권리, 음악인으로서 가져야 할 태도와 책임감이 얼마나 중요한지 다시금 깨닫게 되었다.

그후로 나는 공연을 제안받으면 정당한 가치를 요구했고, 때로는 조건을 먼저 제시했다. 한마디도 꺼내지 못했던 내가 1년 만에 눈을 부릅뜨고 자신의 의견을 피력하는 사람이 되었다. 교수님이 없었더라면 여전히 예스맨으로 살았겠지. 그러나 이제 나는 부당하거나 잘못됐다고 판단되는 일에 당당히 외친다. "아니요, 제 생각에는……."

속이 꽉 찬
존중

　　　　　　　　　　　오페라 공연 두 달 전, 나는 의상 피팅을 위해 동료 배우들과 함께 파리 외곽에 있는 창고로 향했다. 무대 의상이 시대별로 모여 있는 그 창고에서 배역과 체형에 맞는 공연 의상을 고르기 위해서였다.

창고에 도착해 문을 열어보니 어느 시대에 입었는지 가늠조차 안 되는 의상 수십만 벌이 행거에 주렁주렁 매달려 있었다. 눈에 불을 켜고 19세기라는 시대적 배경과 내 배역에 어울리는 옷을 살펴보고 있는데 갑자기 동료들이 남녀 할 것 없이 옷을 훌렁훌렁 벗기 시작했다. 그들은 속옷만 입은 채 창고를 활보했다. 아무도 부끄러워하거나 어색해하지 않았다. 다들 의상을 쫓는 사냥꾼처럼 행거를 뒤적거릴 뿐이었다. 눈앞에 펼쳐진 생소한 광경에 나만 어쩔 줄 몰라하며 주변을 두리번거렸다. 남자 배우들이 내 몸을 쳐다보면 어쩌지, 사람들이 내 몸에 대해 이러쿵저러쿵 떠들면 어쩌지, 하고 쭈뼛쭈뼛 옷자락을 붙잡고 있었다. 그런 나에게 동료들이 한마디씩 했다.

"너 옷 안 벗고 뭐 해?" "네가 입을 옷 얼른 선점해야지." "시간 없어!"

나는 속옷만 달랑 입은 모습을 누군가에게 보여준 적이 없었다. 하지만 옷을 벗어 의상을 착용했다가 다시 원래 옷으로 갈아입고 또다른 의상을 입어볼 시간이 없었다. 결국 어쩔 수 없이 입고 온 옷들을 바닥에 내팽개치고 나도 속옷 바람으로 의상 사냥에 나섰다. 정신없이 옷을 구하러 다닌 끝에 배역에 어울리면서도 내 몸에 딱 맞는 의상 서너 벌을 발견했다. 그 의상들을 챙겨 소품 리스트에 내 이름을 적고 담당자에게 공연 당일에 극장으로 의상들을 가져다달라고 부탁했다.

피팅을 마치고 집으로 돌아가는 길, 창고에서 받았던 충격은 쉽사리 지워지지 않았다. 아무렇지 않게 속옷 차림으로 돌아다니는 동료들 사이에서 나 혼자 덩그러니 놓여 있었다. 어떻게 남들 앞에서 망설임 없이 옷을 벗어 던지지? 왜 나만 부끄러워했지? 같은 질문이 머릿속에 둥둥 떠다녔지만 결론을 내리지 못했다. 동료들이 프로다운 거겠지, 역시 유럽인들이라 개방적이네, 같은 추측만 난무했다.

공연 당일, 남녀 구분 없이 모든 출연자가 대기실을 함께 사용했다. 동료들은 누가 보든 말든 옷을 갈아입었고 의상 착용을 서로 도와주는 데 몰두하고 있었다. 의상 창고에서 겪었던 일이 그대로 재현되었다. 역시나 남녀가 한 공간에서 환복하는 상황에 대해 불만을 토로하는 사람은 한 명도 없었다. 모두가 이 상황이 당연하다는 양 자연스럽게 움직였고 타인의 시선에 신경쓰지 않았다. 나만 이 문화에 적응하면 해결되는 문제였지만 아직은 익숙하지 않은 터라 나는 구석에서 의상을 갈아입었다.

그러다 여자 화장실에 갔는데 칸 안에서 남자 목소리가 들렸다. 여자 화장실에 왜 남자가 들어와 볼일을 보고 있는 건지, 내 상식으로는 도무지 이해할 수 없었다. 나는 생물학적 성을 기준으로 여성과 남성을 구분하고, 생물학적 여성이 아닌 사람은 절대 여자 화장실을 이용해선 안 된다고 생각했다. 그 당시만 해도 한국에서 트랜스젠더라는 개념은 생소했고 그들이 커밍아웃할 수 있는 분위기도 아니었다. 성소수자를 부정적으로 바라보는 시선은 지금도 존재하지만, 그때에는 성소수자라는 말조차 쉽게 꺼내지 못했다. 그래서 나는 여자 화장실을 자유롭게 드나드는 R의 모습에 크게 놀랄 수밖에 없었고 R이 이상하다는 생각까지 했다.

하지만 여자 동료들 중 R을 불편해하거나 그에게 문제를 제기하는 사람이 없었다. 오히려 R이 여자 화장실에 있으면 여자 동료들은 그와 농담을 주고받고 우스꽝스러운 장난을 쳤다. 그들은 R의 성정체성을 당연하게 받아들이고 그를 있는 그대로 존중했다. 그런 모습을 자주 접하다보니 나도 서로를 인정해주는 분위기에 자연스레 녹아들었다.

첫인상이 무색하게도 R과는 금세 친해졌다. 학교 쉬는 시간에 내가 파우치에서 화장품을 꺼내 화장을 수정하고 있으면 R은 종종 내 옆으로 와 메이크업을 알려달라고 했다. 아이브로펜슬로 R의 눈썹을 그려주고 마스카라도 칠해주는 시간이 쌓이자 나도 R을 편히 대할 수 있었다. R에게 느꼈던 낯선 감정은 저 멀리 사라졌다.

파리에 있는 내내 나는 수차례 공연에 올랐다. 그 공연 대기실에서도 같은 상황이 반복되었다. 하지만 누군가 내 몸을 지켜보는 일은 한 번도 일어나지 않았다. 대기실에는 타인을 향하는 시선이 전혀 없었다. 무대에 대한 열정과 집중, 예술에 대한 진심만 가득했을 뿐. 그곳에서 나는 한 인간이자 예술가였다. 그렇게 서로가 서로를 받아들이고 존중하는 분위기에는 성공적인 공연이 뒤따를 수밖에 없었다.

공연을 거듭할수록 나는 남들의 시선으로부터 점점 자유로워졌다. 그 자유의 바탕에는 성별이라는 필터를 시원하게 벗어던지고 한 인간으로서 다른 인간을 마주하는 진짜 존중이 있었다. 허구한 날 말로만 하는 '리스펙트'가 아니라, 속이 꽉 들어찬 진심어린 존중이.

어느 늦은
밤　귀갓길

이민자, 자기 나라를 떠나 다른 나라로 이주해 사는 사람. 이민의 '이'는 '옮길 이移'지만 '이민자는 다른 나라 출신'이라는 생각 때문에 '다를 이異'로 받아들여지는 것 같다. 나도 어렴풋이 이민자를 나와 '다른' 사람이라고 여겼었다. 그러나 프랑스에서 다양한 이민자를 만나며 편견은 점차 사라졌고, 우연히 마주친 흑인 아저씨가 그 생각에 쐐기를 박아주었다.

새벽 두 시, 파리 시내에서 친구들과 파티를 마친 후 야간 버스를 타고 내려서 집까지 걸어가는 길. 가로등이 얼마 없는 거리를 혼자 걷자니 두려움이 훅 몰려왔다. 날씨가 춥고 바람이 거세게 불었던 탓일까. 평소에는 한밤중에도 겁 없이 잘만 다녔건만 그날따라 밤길이 무섭고 으스스해 오싹한 기분이 들었다. 주변을 두리번거리며 걸음을 빨리하는데 반대편에서 흑인 남자와 백인 남자가 걸어오고 있었다. 조금 떨어져 걷는 것으로 보아 그 둘은 일행이 아닌 듯했다.

두 아저씨 중 한 명에게 집까지 데려다줄 수 있냐고 물을까 말까 계속 망설이다 흑인 아저씨에게 성큼 다가갔다. 흑인 아저씨를 고른 특별한 이유는 없었다. 그 아저씨가 나를 지켜줄 것 같다는 생각이 본능적으로 들었을 뿐이다.

"지금 혼자 길을 걷는 게 너무 무서워서요. 혹시 우리집 근처까지 같이 가주실 수 있나요?"

그러자 아저씨는 환하게 웃으면서 흔쾌히 데려다주겠다고 하셨다. 아저씨는 청소 노동자라서 새벽에 일찍 출근하는 길이라고 하셨다. 왠지 나도 나를 소개해야 할 것 같아 나는 한국인이고, 음악을 공부하러 파리에 왔다고 말했다. 그렇게 오 분 동안 아저씨와 세상 사는 이야기를 나누다보니 어느새 집 근처에 도착해 있었다. 집 주변에는 아파트가 모여 있고 가로등이 길가에 줄지어 있어 꽤 밝은지라 아저씨에게 여기서 그만 헤어지자고 말했다. 하지만 아저씨는 내가 야밤에 집까지 혼자 걸어가는 게 마음이 놓이지 않으셨는지 아파트 정문까지 나를 바래다주었다. 이른 새벽에 출근하는 사람을 붙잡은 게 죄송해서 나는 몇 번이고 뒤를 돌아 아저씨한테 고맙다고 인사했다. 아저씨는 잘 들어가라며 웃었다. 아파트 문을 열고 들어가려다가 뒤를 돌아봤는데 아저씨는 여전히 입꼬리를 올린 채로 손을 흔들고 계셨다. 내가 잘 들어가는지 확인하고 나서야 아저씨는 다시 출근길에 올랐다.

피곤한 몸을 이끌고 계단을 올라가는데 마음에 큰 짐을 진 느낌이 들었다. 나도 모르게 가지고 있었던 흑인 이민자에 대한 편견 때문이다. 그동안 나는 나와 흑인 이민자를 구분하고 있었다. 프랑스에 이민을 왔으면 당연히 프랑스법을 따라야지, 왜 이 문화에 동화되지 않고 본래의 문화만 고집할까, 그들을 따가운 시선으로 바라보기도 했다. 물론 인종차별은 잘못됐기에 입 밖으로 이런 생각을 꺼낸 적은 없었다. 나조차도 프랑스에서 외국인으로 살고 있으면서, 그릇된 생각이라는 것을 알면서도 색안경을 벗지 못했다. 하지만 갑자기 나타난 외국인에게 친절을 베푼 흑인 아저씨는 내 편견을 와장창 깨뜨렸다. 이민자는 나와 다른 '그들'이 아니라 낯선 나라에서 건너온 나와 같은 '우리'였다. 이민자가 자신의 문화를 고집하는 건 한국인이 해외에 나가서도 한국 음식을 만들어 먹고 명절을 쇠는 것과 같은 맥락이었다. 나의 것을 지키는 행동이었다.

돌이켜보면 내가 어려움에 처했을 때마다 많은 이민자들이 자기 일처럼 나를 도왔다. 타지에서 사는 외로움과 서러움을 알아서일까, 그들만의 방식으로 내게 손을 내밀고 정을 나눠주었다. 다양한 인종과 문화가 공존하는 프랑스에는 그만큼 다양한 정이 있었다. 같은 나라에서 같은 시간을 살아가는 사람들과 부대끼는 정. 그 안에는 서로를 구분 짓는 벽이 없었다. 더불어 사는 우리만 있을 뿐.

순례길의 '뿌까'

스물일곱 여름, 나는 산티아고 순례길을 걸었다. 방학 동안 큰돈을 들이지 않고 여행할 곳을 찾다가 순례길에 가게 되었다. 프랑스 친구들이 적극 추천하기도 했고. 남들은 순례길에 오를 때 엄청 큰 등산 가방에 필요한 물건들을 가득 넣어간다는데 나는 작은 '이스트팩' 배낭만 달랑 메고 떠났다. 돌이켜보면 무슨 깡이었는지 모르겠지만 젊었으니까 가능한 일이다. 아니면 그 길이 얼마나 험난하고 고통스러운지 전혀 예상하지 못했으니 가능했을지도.

전날 기차를 타고 순례길 시작점인 생장피에드포르에 도

착했다. 근처에서 하룻밤 자고 아침 일찍 트레킹을 떠날 계획이었다. 다음 날, 피레네산맥을 넘어 스페인에 들어갔다. 장장 28킬로미터 거리를 쉴새없이 걸은 탓에 저녁도 간신히 먹고 침대에 그대로 뻗었다. 제대로 된 준비 없이 무작정 길에 오른 것은 잘못된 선택이었음을 직감했지만 이미 때는 늦었다. 젊고 건강한 내 몸 하나 믿고 계속 가야지, 뭐. 새벽 여섯 시부터 낮 한 시까지 하루 평균 25킬로미터, 정 힘들 때는 20킬로미터를 걷자는 나름의 계획을 세웠다.

아침 댓바람부터 굳은 의지와 함께 다시 힘차게 발을 굴렀다. 평지를 걷고 산과 언덕을 넘었다. 길에서 낯선 사람들과 어깨를 나란히 하며 서로가 서로에게 말동무가 되었다. 뜻밖의 만남은 마치 하늘이 나에게 보낸 선물 같았다. 사람들은 내가 잘 걷는지, 어디가 불편하거나 아프지 않은지, 벌레에 물리지 않는지를 수시로 살폈다. 언제든지 서로에게 손을 내미는 사람들만 순례길에 오는 듯했다. 덕분에 혼자 걷는 길은 전혀 외롭지 않았다.

그날 목적지에 따라 숙소는 달라졌다. 내가 어디까지 걸을 수 있는지는 컨디션에 의해 결정되기에 숙소를 예약하지 않고 당일 오후에 지나가는 시골 마을에서 하룻밤을 묵었다.

그렇게 며칠을 반복하다 50가구쯤 있는 작은 마을에 들어갔다. 빈자리가 있는지 물어보려고 숙소 입구에서 서성거리는 나를 주인아주머니가 반갑게 맞아주었다. 배정받은 자리에 짐을 풀고 있는데 아주머니는 나와 가고 싶은 곳이 있다며 내 손을 꼭 잡고 어딘가로 끌고 갔다.

영문도 모르고 따라간 곳은 젊은 스페인 부부가 사는 집. 부부 옆엔 '뿌까' 캐릭터와 똑같은 머리를 한 서너 살쯤 된 여자아이가 있었다. 한눈에 봐도 동아시아인 같았다. 스페인 부부는 활짝 웃으며 아이를 소개했다. 우리가 '아돕타(adoptar, 입양)'한 딸이라며. 나는 스페인어를 모르지만 프랑스어와 발음이 비슷해서 얼추 알아들을 수 있었다. 부부와 아이의 생김새가 다른 건 그들이 딸을 입양했기 때문이었다. 잔뜩 신이 난 부부는 아이가 갓난아기였을 때 스페인에 왔기 때문에 오늘 아시아인을 처음 만난다고 알려주었다. 그들은 아이에게 나를 보여주며 "봐! 너랑 똑같이 생겼지? 네 사촌이야"라고 했다. 나는 부모의 마음을 이해하며 싱긋 웃었지만 아이는 나를 뚫어져라 바라볼 뿐 나에게 말을 걸거나 다가오진 않았다. 아이는 자기 부모와 동네 사람들과 전혀 다르게 생긴 나를 낯설어하는 듯 보였다.

아이의 마음을 아는지 모르는지 부부는 두 팔 벌려 나를 환영했다. 아이 아버지는 그들이 정성껏 우린 차를 마시며 향을 음미하는 내게 어느 나라에서 왔냐고 물었다. 내가 한국 사람이라 답했더니 그는 자기 딸이 중국에서 왔다면서 나와 같은 출생지는 아니지만 외모가 비슷하니까 딸에게 나를 꼭 보여주고 싶었다고 했다. 이 동네에서 아시아인은 딸이 유일하단다. 딸이 크면서 자기만 다르다고 생각하고 외로워할까봐 걱정했는데 오늘 나를 봐서 다행이라고 했다.

나를 중국인으로 착각하는 사람이 꼭 무례하지만은 않다는 사실을 그때 깨달았다. 오히려 어른들이 아이를 생각하는 마음에 기분이 좋아졌다. 아이가 행복하게 살아갔으면 하는 바람에는 국적이 없었다. 아이가 조용하고 작은 시골 마을의 이웃들과 부모에게 사랑받는 모습을 보니 가슴이 뭉클해졌다. 다음 날 아침, 동네 사람들의 응원과 아이의 수줍은 인사를 받고 나는 서쪽으로 향했다.

2부

시끄러운 내향인들

낯가리고, 누군가에게 선뜻 말을 못 걸고, 먼저 연락하지 못하는 성격인 데다 마음이 맞지 않는 사람과는 거리를 두는 내가 파리에서 친구를 사귀기는 정말 어려웠다. 친해지고 싶은 사람들과 있어도 대화에 끼기란 쉽지 않았다. 일상적인 이야기는 대강 이해하겠으나 유럽의 역사, 철학, 예술, 정치 같은 잘 모르는 주제로 이야기가 시작되면 대화를 따라가지 못했다. 아무리 뉴스를 찾아 읽어도 프랑스인들처럼 물 흐르듯 말하는 건 무리였다. 게다가 프랑스인들은 어찌나 말이 많은지, 프랑스에는 말하는 사람만 있고 듣는 사람은 없다는 말은 꽤 유명한 이야기다. 전 세계에서 가장 말을 많이 하는 사람들이 아마 프랑스인일 테다. 말하는 속도도 엄청 빠르다. 듣다보면 어느새 혼이 빠져나가는 게 느껴진다. 그들은 중간중간에 내 생각을 묻거나 질문을 던지고 내가 대답할 때까지 기다려주는 등 나를 배려하기는 했지만, 그들과 가까워지는 데에는 한계가 있었다. 끼어들 타이밍을 찾느라 온 신경을 집중하는 건 내 성격과도 맞지 않았다. 그래서 많은 사람들을 만나고 돌아온 날이면 에너지가 완전히 방전되어 침대에 축 늘어졌다.

차라리 취미 활동으로 친구를 사귀어볼까 고민하던 차에 한 메탈밴드가 보컬 멤버를 뽑는다는 공고를 인터넷에 올렸다. 돈을 버는 목적보다는 취미로 하는 밴드이다보니 멤버가 나갈 때마다 새 멤버를 구하는 모양이었다. 나는 곧장 메일을 보냈고 오디션을 보러 오라는 회신을 받았다.

오디션 당일 걱정 반, 설렘 반으로 찾아간 연습실에는 남자 네 명이 앉아 있었다. 그들은 내가 언제부터 메탈음악을 좋아했는지, 어느 밴드를 좋아하고 즐겨 듣는지, 가장 좋아하는 보컬리스트는 누구인지 등 여러 질문을 던졌다. 나는 일말의 고민 없이 술술 답했는데 나의 음악 취향이 밴드의 결과 맞았는지 그들은 내 말에 연신 감탄했다. 오디션보다는 면담에 가까운 이야기를 나누다가 노래를 한 곡 불러달라는 요청을 받았다. 그래서 나는 '노 다웃_No Doubt_'의 〈돈트 스피크_Don't Speak_〉를 내 스타일대로 불렀다. 그들은 내가 성악을 전공하고 있다는 사실을 이미 알고 있어서 나의 실력을 의심하기보다는 그 분위기를 즐기는 듯싶었다.

짧은 면담이 끝나고 멤버들은 나에게 딱 한 가지 조건을 내걸었다. 특별한 일이 생겼을 때를 제외하고는 합주에 참석할 것. 나는 열심히 연습에 임하겠다고 약속했고, 멤버들은 앞으로 밴드 활동을 같이 즐겨보자며 활짝 웃었다.

그후로 일주일에 한두 번 지하철을 타고 파리 남서쪽 주택가의 밴드 연습실로 향했다. 메탈 뮤지션들이 자주 이용하는 연습실이라 방음이 잘 되어 있어서 음악에 몰입하기 좋았다. 평일이든 주말이든 우리는 서너 시간씩 합주에 몰두했다. 연습실을 예약한 시간 외에도 리허설이 필요할 때는 멤버들 집에 가서 마저 연습했다.

합주가 끝나면 우리는 그날그날 피드백을 주고받았다. 연습이 어땠는지, 어떤 악기를 어떻게 더 연주하면 좋을지, 곡에서 어떤 변주를 줄 수 있을지 등 군더더기 없이 딱 필요한 말만 공유했다.

리더이자 기타리스트 G, 치렁치렁한 긴 머리를 자랑하는 드러머 D, 나와 비밀이 없을 정도로 가장 친한 베이시스트 S, 알자스 지방 사투리를 쓰는 잘생긴 동갑내기 키보디스트 M, 그리고 보컬리스트 나까지. 다섯 명 모두 왁자지껄하게 수다를 떠는 성격이 아니었다. 프랑스에서 이 정도로 말 없는 사람을 찾기가 쉽지 않은데 우리 밴드에 다 모였나보다. 한자리에 있어도 두세 명씩 조용히 대화하고, 다 같이 한 주제로 이야기할 때도 전혀 수다스럽지 않았다. 그래서 멤버들과 있으면 대화를 따라가야 한다는 압박감이 느껴지지 않았다. 다들 소심하고 얌전해서 나와 잘 맞았다. 메탈 뮤지션들 특성 같기도 하다. 시끄러운 음악을 자주 듣고 연주해서 그런 건지, 아니면 내향적인 성격을 강한 음악으로 푸는 건지, 어느 나라를 가든 메탈 뮤지션들은 대부분 우리 멤버들처럼 차분하고 점잖았다.

밴드에서 나는 홍일점이었지만 전혀 불편하지 않았다. 멤버들이 말은 별로 없어도 한없이 다정했다. 그들은 내 부탁을 흔쾌히 들어주었고 연습이 밤늦게 끝날 때면 꼭 나를 집까지 데려다주었다. 그들은 내가 불편하지 않도록 한 발짝 떨어져서 나를 살피고 내가 밴드에 어울릴 수 있도록 알뜰살뜰 챙겼다.

음악 취향을 나누고 연습에 매진하는 시간이 쌓이면서 우리는 자연스럽게 서로를 신뢰하게 되었다. 그 덕에 우리는 공연을 준비하는 과정에서 크고 작은 문제를 겪어도 별다툼 없이 활동을 잘 이어나갔다. 공연을 성공적으로 마치고 싶은 마음이 앞서다보면 공연 직전에 다들 조금씩 예민해지는데, 날카로워진 분위기를 눈치챈 리더 G가 멤버들에게 가벼운 농담도 던지고 장난도 치면서 멤버들을 다독이곤 했다. 그래서 늘 훈훈한 분위기 속에서 공연이 마무리되었다.

취미로 새로운 친구를 사귄 건 내가 파리생활에서 가장 잘한 일이었다. 취향이 맞으니 친구들과 편하게 이야기할 수 있는 데다 좋아하는 메탈을 마음껏 즐길 수 있었다. 우정도 나누고, 음악 실력도 늘고, 공연 경험도 쌓고 일석삼조였다. 대화에 끼려 애쓰고 내 성격을 감춘 채 적극적으로 말을 걸고 살갑게 다가가지 않아도 괜찮았다. 나의 성격을 바꿀 필요가 없었다. 밴드 안에서는 내가 나로서 존재할 수 있었다. 있는 그대로의 나로.

모두 다
이루어져라

 나는 어릴 때부터 내가 이루고 싶은 게 있으면 친구들이나 지인들에게 자주 말하곤 했다.

 나는 중학생 때부터 메탈음악을 좋아했다. 메탈음악이 내 취향에 맞았기 때문이다. 좋아하는 이유를 굳이 더 고르자면 시끄러운 노래가 스트레스를 풀기에 제격이라서. 그 당시 나는 시도 때도 없이 밴드음악을 듣고 라이브 영상을 찾아보며 친구들에게 이렇게 외쳤다. "나중에 해외 나가서 꼭 밴드를 할 거야."

밴드, 그것도 해외 밴드에 들어가겠다는 꿈을 꾸던 학생은 9년 뒤 파리의 메탈밴드 보컬이 되었다. 취미로 시작한 밴드는 내 삶에 많은 변화를 불러왔다. 학교 공연이나 교외 오페라 공연을 할 때는 관객에게 보여주겠다는 생각으로 공연했다면, 밴드 공연 때는 우리를 찾아온 팬들과 함께 공연을 즐긴다는 마음으로 손에 마이크를 꽉 쥐고 열창했다. 팬이 생기면서 멤버들끼리 돈을 조금씩 모아 소극장에서 단독 콘서트도 열었다. 어두컴컴한 공간에서 조명이 우리만 비추고 무대 아래에서 손을 흔들고 있는 팬을 볼 때면 가슴이 감동으로 벅차올랐다. 그후로 우리는 기회가 생길 때마다 공연장에서 팬들과 힘차게 머리를 흔들었다.

우리와 콘서트를 함께 했던 밴드의 초대로 우리는 프랑스에서 활동하는 다른 밴드들과 파리, 마르세유, 리옹, 툴루즈, 보르도 등 대도시에 메탈밴드 투어 공연을 다녔다. 한창 지방을 다닐 때 우리 다섯 명은 악기, 악기 케이블, 의상 등 무대에 필요한 장비와 개인 짐을 싸고 풀기를 반복했다. 낮에는 몸보다 큰 짐들을 이고 지고 돌아다니다 밥 먹고 공연하고 늦은 밤 숙소로 돌아와 쓰러져 잠만 잤다.

그렇게 정신없이 투어를 끝내고 파리 연습실에서 합주를 하던 어느 날, 리더 G에게 누군가 연락을 해왔다. 우리 밴드를 눈여겨보고 있었는데 혹시 유럽 메탈 페스티벌에 참가해 보지 않겠느냐고. 드넓은 야외에서 사람들과 음악을 즐길 기회를 누가 마다하겠는가. 우리의 답은 당연히 '위*oui*'였다.

프랑스와 벨기에에서 페스티벌에 참여하며 우리는 유럽 전역의 뮤지션들과 무대에 올랐다. 친구들에게 수도 없이 던졌던 "저 밴드 공연은 꼭 라이브로 보고 말겠어!"라는 말이 이뤄지는 순간이었다. 메탈 페스티벌로 연이 되어 내가 오랫동안 좋아해온 밴드 '아치 에너미*Arch Enemy*'의 콘서트에도 몇 번 초대받았다.

밴드 활동은 내가 우스갯소리로 던졌던 "저렇게 연주 잘하는 남자랑 연애해보고 싶다"는 말까지 현실로 만들었다. 우리 밴드가 프랑스의 대표 메탈밴드로 참여했던 벨기에 메탈 페스티벌에서 남자를 만났으니까.

공연장 뒤편에 놓인 대기실에서 마냥 우리 순서를 기다리기에는 아쉬웠다. 기차 타고 멀리까지 왔는데, 세계적인 밴드들과 어깨를 나란히 하고 있는데, 가만히 앉아 있을 순 없었다. 그래서 혼자 다른 팀 대기실을 드나들었다. 다양한 뮤지션들과 이런저런 대화도 나누고, 같이 사진도 찍고, 페이스북 친구도 맺으며 활발히 돌아다녔다. 줄곧 2D 영상으로만 봐왔던 '나이트위시*Nightwish*' '에피카*Epica*' '도로*Doro*' 같은 유럽에서 날고 기는 메탈 뮤지션들이 나와 눈을 마주치고 있다는 게 믿기지 않으면서도, 또 언제 만날 수 있을지 모르니 그들과 더 가까워지고 싶었다.

대기실 투어의 마지막 장소는 독일 밴드 대기실이었다. 우리 대기실 맞은편에 있어 가장 마지막으로 보고 돌아갈 생각이었다. 독일 밴드 대기실에 들어서는데 다들 포스가 장난 아니었다. 그 포스가 무대 영상에는 반에 반도 안 담긴 게 확실하다. 실제로 보니 하나같이 키가 크고, 골격이 장대하고, 인상이 강렬했다. 말없이 나를 쳐다보는 표정에서 '여기에 왜 왔니?' 하고 나를 경계하는 눈빛이 느껴졌다. 잔뜩 기가 눌려 나를 소개하고 얼른 나왔다. 사진을 찍거나 페이스북 친구를 맺을 생각조차 못했다. 빨리 그곳에서 벗어나야겠다는 생각뿐이었다.

우리 밴드의 색깔을 벨기에에 보여주고 파리로 돌아온 지 며칠이나 되었을까. 낯익은 얼굴이 페이스북 메시지창에 떠 있었다. 절대 잊을 수 없는 그 눈빛, 그 포스의 독일 밴드 멤버였다. 어떤 말을 하려고 내게 연락했을까 궁금해서 바로 창을 클릭했다. 나와 더 이야기하고 싶었는데 공연 준비와 분장으로 정신이 없었다며 공연 끝나자마자 나를 찾아다녔다는 메시지가 적혀 있었다. 나와 연락하고 싶어서 페이스북을 찾고 찾다가 다른 메탈밴드의 페이스북 게시물에서 나를 발견했단다. 나는 이 사람이 다양한 나라의 친구를 사귀고 싶나보다 하고 그와 한두 시간 동안 연락을 이어갔다.

그후로도 그는 안부를 물어왔다. 계속되는 연락에 혹시 나에게 관심이 있나, 고개를 갸우뚱하고 있던 어느 날, 그는 내 의문에 못을 박았다. 그가 나와 진지하게 만나보고 싶다고 고백했다. 하지만 나는 단칼에 거절했다. 그가 사는 쾰른은 파리에서 600킬로미터나 떨어져 있기 때문이다. 나는 장거리 연애를 할 자신도 없었고, 독일어를 한마디도 하지 못했다. 그는 우리 사이에 거리는 문제될 게 없다고 자신했다. 마음을 접을 생각이 없어 보여서 그러면 나를 만나러 오라고 메시지를 보냈다. 될 대로 되라는 생각이었다.

다음 주말, 그는 정말 독일에서 나를 보러 왔다. 그후로도 그 사람은 왕복 1200킬로미터를 자주 오갔다. 나는 그와 파리 시내를 두어 시간 동안 걷고, 카페에서 커피 한 잔을 마시며 음악과 공연에 대해 오랫동안 수다를 떨고, 저녁에는 레스토랑에서 맛있는 요리도 먹었다. 어느새 그가 내 마음 한구석을 차지하고 있었다. 매번 먼 길을 오가는 그의 정성을 외면할 수 없었다. 메탈 뮤지션과 연애하고 싶었던 건 맞지만, 그 뮤지션이 외국인일 거라고는 상상조차 못했다. 국제연애로 골머리를 앓는 주변 언니들을 보면서 나는 절대로 외국인과 만나지 않을 거라고 결심했건만 그의 마음 앞에 내 다짐은 무너져내렸다. 그렇게 우리의 연애는 시작되었다.

내가 스치듯 말했던 소원은 모두 현실이 되었다. 학교 졸업 준비로 밴드 활동을 오래 하지는 못했지만, 지금은 독일 남자친구와 만나고 있지는 않지만, 어쨌든 밴드를 시작으로 내 바람들은 줄줄이 이루어졌다. 그뿐만이 아니다. "파리로 유학 갈 거야"라는 말은 10년간의 파리생활로 이어졌고, "언젠가는 많은 사람들이 공감하고 좋아하는 글을 쓰고 싶다"라는 말이 씨앗이 되어 이 책을 쓰고 있다.

내 믿음이 하늘에 닿았던 걸까? 아니면 친구들에게 몇 번이나 외쳤던 말들이 하늘에 들렸던 걸까? 내 말은 씨가 되어 값진 열매로 돌아왔다.

**행동파
남자**

　　　　　　　　　　독일인 남자친구는 무표정에 차가운 사람이었다. 한창 눈에서 꿀이 뚝뚝 떨어지고 서로 죽고 못 사는 연애 초반에도 그는 한결같이 차갑고 무뚝뚝했다. 나를 공주로 대하던 전 한국인 남자친구들과는 극심하게 온도가 다른 사람을 만나려니 영 적응이 안 되었다. 자상하고 부드러운 프랑스식 연애만 지켜봐온 것도 남자친구를 이해하지 못하는 데 한몫했다. 그는 애정을 말로 표현할 줄 모르는 사람이었다. 지금은 독일 사람들이 건조한 편이라는 것을 알지만 당시의 나는 '나에 대한 마음이 벌써 식었나' 하는 생각이 덜컥 들었다.

남자친구는 나를 보러 주말마다 네다섯 시간을 운전해서 왔다. 자기가 안정적으로 돈을 벌고 있다는 이유로 데이트 비용도 거의 다 부담했다. 그에게 밴드 활동은 취미고 그의 본업은 음악 프로듀서이자 엔터테인먼트 회사 대표였던지라 유학생인 나보다 수입이 훨씬 안정적이었다.

그가 나에게 시간과 돈을 쏟는다는 것을 알고 있지만 애정 표현은커녕 나를 다정하게 대하지도 않으니 점점 그가 나를 좋아하지 않는다고 확신하기 시작했다. 그의 말투나 눈빛을 아무리 곱씹어봐도 사랑에 빠진 남자처럼 보이지 않았다. 급기야 '혹시 내가 아시아 여자라서 나를 쉽게 보는 건가?'라는 생각에 이르렀고 그 생각을 뒷받침하는 정황을 찾아보았다. '백인 남자' '아시아 여자' '커플' 이 세 단어를 온갖 조합으로 만들어 인터넷에 검색했다. 서양 남자들의 '옐로 피버 *yellow fever*◉'를 조심하라는 글이 숱하게 올라와 있었다. 나는 그 게시물들을 보고 무릎을 탁 쳤다. '이거네. 내가 아시아 여자라서 가볍게 만나는 거였어.' 그에게 끝없는 배

◉ 본래 '황열병'을 뜻하지만, 비아시아 남성이 아시아 여성에 대해 가지는 편견과 왜곡된 인식을 바탕으로, 아시아 여성에게 느끼는 성적 이끌림을 가리키는 속어로 쓰인다.

신감이 느껴졌다. 나는 그에게 따질 기회를 단단히 별렀다.

그 주 토요일, 전날 밤늦게까지 일한 남자친구는 한숨도 못 자고 장장 다섯 시간을 운전해 파리에 왔다. 나는 새벽에 그 먼 길을 달려오느라 고생했다는 말 한마디 건네지 않고 다짜고짜 그를 몰아붙였다.

"너 옐로 피버지? 너는 내가 아시아 여자라서 만만하고 우스워? 나는 이런 관계를 원하지 않아."

그에게 말할 시간도 주지 않은 채 그가 나를 '엔조이 상대'로 취급한다고 단정지어버렸다. 내가 밑도 끝도 없이 화를 내는 동안 그의 표정은 점점 일그러졌다. 내 말이 끝나기 무섭게 그는 싸늘하고 낮은 목소리로 입을 열었다.

"그래, 나는 아시아 여자나 만나려고 주말마다 쾰른에서 파리까지 왕복 1200킬로미터를 왔다갔다하는 미친 놈이야. 너한테는 내가 피곤해 죽겠는데 나쁜 짓 하겠다고 그 길을 운전하는 놈으로 보였나보네. 쾰른이랑 옆 도시 뒤셀도르프만 합쳐도 아시아 여자가 10만 명은 될 텐데 내가 아시아인 만나겠다고 국경을 넘는다, 그렇지? 나는 오늘 새벽 내내 아우토반을 쉬지 않고 밟았어. 주말 동안 너랑 뭐 하지, 뭐 먹지 생각하면서. 잠도 안 자고 기껏 운전해 왔는데 내가 지금

너한테 이런 소리나 듣다니…… 나, 여기 온 지 십 분도 안 됐거든? 지금 당장 독일로 돌아갈래."

그는 차분하게 할 말을 다하고 집을 나갔다. 뒤도 안 돌아보는 그를 차마 잡을 수 없었다. 큰 소리 하나 없이 경고하듯 읊조리는 사람에게 어떤 말도 꺼내지 못했다. 나는 그저 발을 동동 구르며 베란다 너머로 차에 올라타는 그를 지켜봤다. 처음 보는 그의 단호한 모습에 "결국 이렇게 우리는 끝나는구나" 하고 체념할 수밖에 없었다.

모든 게 나 때문이었다. 생각이 짧고 철없는 나 때문에 남자친구는 쉬지도 못하고 왔던 길을 되돌아가야 했다. 나는 인터넷 글만 보고 그를 의심하고 그에게 크나큰 상처를 주었다. 우리 관계에 선을 그은 사람은 그가 아니라 나였다. 명백한 나의 잘못이었다. 그에게 곧바로 전화를 걸었다. 칠흑같은 어둠 속에 혼자 운전해서 돌아가고 있을 모습을 떠올리니 어떤 마음으로 핸들을 잡고 있을까, 걱정되었다. 전화를 몇 번이나 해도 받지 않길래 제발 내 전화를 받아달라고 문자를 남겼다. 한참 후 문자 하나가 왔다.

'지금 고속도로 휴게소인데 잘 가고 있으니 걱정 마. 나한테 생각할 시간이 좀 필요해. 나중에 내가 전화할게.'

그 말에 나는 '그래도 걱정되니까 집에 도착하면 문자 하

나만 남겨줘'라고 답했고, 몇 시간 후 그는 딱 문자 하나를 보냈다. '나 도착했어.'

일요일, 월요일이 지났는데도 아무런 소식이 없었다. 결국 내가 참지 못하고 먼저 연락했다. 계속 신호음만 가길래 전화를 받을 때까지 걸겠다는 문자를 보냈다. 그제야 그는 목소리를 들려줬다. 얼음장같이 차가운 목소리.

"내가 분명 시간을 달라고 했잖아. 그런데 왜 자꾸 전화하는 거야?"

그간 서러움이 쌓였는지 눈물이 펑 하고 터졌다. 멈출 기미가 보이지 않는 눈물을 애써 닦고 내가 그를 믿지 못했던 이유를 숨김없이 이야기했다. 그가 헤어지자고 하더라도 설명은 꼭 해야 했다.

"내가 왜 지금까지 프랑스 남자와 한 번도 연애를 안 한 줄 알아? 나를 지키기 위해서였어. 나는 파리에 가족도 의지할 친구도 없어서 항상 스스로를 지켜야 했어. 특히 남자들로부터 말이야. 나에게 어떤 의도로 다가올지 모르니까. 몇몇 백인 남자들이 아시아 여자를 엔조이 상대로 여긴다는 말을 들었었거든. 네가 그런 사람일 수도 있겠다는 생각이 들기 시작하니까 걷잡을 수 없더라고. 나를 지키겠다고 너한테 상처를 줬어. 미안해."

휴대폰에 대고 서럽게 울었다. 내 속마음을 털어놓고 나니 속은 시원했다. 감정은 격해질 대로 격해지고 내가 영어를 잘하는 것도 아니라서 계속 버벅거렸는데 그는 한 번도 끼어들지 않았다. 묵묵히 듣고만 있었다. 무슨 생각을 하는 건지, 그는 내 말이 끝나고도 한참을 침묵하다 입을 열었다.

"너 그거 알아? 나는 독일인으로, 너는 한국인으로 멀리 떨어져 살다가 벨기에에서 만났잖아. 전 세계의 수많은 사람들 중에서, 그것도 동시대에, 너와 내가 이렇게 만날 확률이 얼마나 될 것 같아? 우리는 그 어마어마한 확률을 뚫고 함께하는 거야. 우리 둘은 그런 사이라고, 알았지?"

그는 나에게 울지 말라든가, 속상해하지 말라든가 하는 말로 달래기보다 우리의 시작을 조목조목 짚으며 나를 어떻게 생각하는지 이성적으로 알려주었다. 그 말 속에 내가 그에게 얼마나 소중한 존재인지, 그가 얼마나 우리 관계를 중요하게 생각하는지가 담겨 있었다. 나의 모든 불신과 불안이 한꺼번에 날아갔다.

돌이켜보면 그는 나와 한 약속을 어긴 적도, 내 연락을 일부러 받지 않은 적도 없었다. 그는 일고여덟 시간 이상을 왕복하면서 전혀 불평하지 않았다. 눈 밑에 다크서클이 그렇게 짙은데도 피곤하다는 내색 한 번 안 했다. 내가 레스토랑에서 메뉴판을 보고 있으면 늘 가격은 신경쓰지 말고 먹고 싶은 음식을 양껏 시키라고 했다. 뭐든지 다 사줄 수 있다면서.

전 남자친구들, 프랑스인들처럼 마냥 다정하거나 로맨틱한 말을 건네지는 않았지만 그는 늘 행동으로 애정을 보여주었다. 내가 무언가를 요구하거나 닦달하지 않아도 나를 위해 몸부터 움직이는 사람이었다. 언제든 준비되어 있는 사람이었다. 그 마음은 만나는 동안 변치 않았다.

어느 날 같이 저녁을 먹다가 내가 그에게 너는 언제 가장 행복하다고 느끼냐고 물었다. 몇 초나 지났을까, 그는 곧장 대답했다. 마치 항상 자신이 행복한 순간을 인지하고 있는 사람처럼.

"지금! 주중에는 일하느라 하루를 정신없이 보내기 바쁜데 주말에는 너를 만나잖아. 네 얼굴도 보고 같이 밥도 먹고. 네가 좋아하는 음식도 마음껏 사줄 수 있고. 너는 기분좋게, 맛있게 먹고. 그래서 나는 지금 이 순간이 가장 행복해."

생글생글 웃거나 따뜻한 눈빛을 보낼 만도 한데 역시나 그의 얼굴은 무표정했다. 그렇게 이성적인 독일인이 나와 함께하는 순간을 가장 행복해한다니. 달달하지 않고 담백해서 더 마음에 와닿았다. 그 건조하고 솔직한 말 속에 담겨 있는 애정만큼은 진심으로 느껴졌다.

나는 나,
너는 너

내가 파리에서 유학했다고 하면 사람들은 종종 프랑스인과 연애했느냐고 묻는다. 다들 영화, 드라마, SNS를 보고 프랑스 남자에게 환상을 품는 것 같다. 하지만 으레 그렇듯 환상은 환상일 뿐, 프랑스 남자와의 연애는 미디어에 비치는 모습과 다르다. 오죽하면 내가 죽어도 프랑스 남자는 사귀지 않겠다고 다짐했을까.

파리에 사는 동안 나는 한국 언니들이 프랑스 남자와 만나는 모습을 자주 지켜보았다. 정확히는 언니들이 프랑스인을 만나는 내내 천국과 지옥을 오가는 모습을. 내 주변 국제 커플들은 틈만 나면 싸우고 헤어지고 다시 만났다. 열두 시간을 꼬박 날아야 하는 거리, 하루 반나절 이상 차이 나는 시간. 그만큼 프랑스와 한국은 문화적으로 많이 달랐고 그 차이는 당연히 연애에 지대한 영향을 미쳤다.

우선 애인의 이성 친구에 대한 생각이 우리와 다르다. 프랑스에서는 유치원부터 초중고, 대학교까지 남녀 구분 없이 학생들이 한 공간에서 지내는 것이 오래전부터 당연한 일이다. 그러니 이성 친구가 많을 수밖에 없다. 이성 친구가 많다는 건 기본적인 매너가 좋다는 것을 의미하니 그런 남자가 괜찮은 사람일 가능성이 크다. 하지만 80년대생 한국 또래들은 애인의 여사친◉을 이해하지 못했다. 그 시대 여자들은 여중, 여고, 여대를 나오거나 남녀공학을 다녀도 여자들끼리 한 반을 썼으니 남사친이 없었다. 그러니 프랑스 남자를 만나는 언니들이 이성 문제로 자주 부딪칠 수밖에.

자기 남자친구가 이성 친구와 단둘이 점심을 먹거나 서로의 집에 놀러가는 일은 언니들에게 거슬렸을 테다. 하지만 그건 프랑스인들의 일상이다. 중고등학교 남녀 동창들끼

◉ 연인 관계가 아닌 여성 친구를 의미하며 '여자 사람 친구'를 줄인 말. '남사친(남자 사람 친구)'도 같은 맥락에서 쓰인다.

리 바캉스를 보내고 겨울에 스키 여행을 다니는데, 이성 친구 자체를 꺼려하는 한국 여자들에게 이 모습이 어떻게 우정으로 보였겠는가. 한국에서는 아직까지도 연인 사이에서 문제되는 이성 친구가 프랑스에서는 전혀 논란거리가 아니니 그 차이가 커플의 사이를 갈라놓기 일쑤였다. 내가 유학할 당시, '여사친' 문제로 헤어진 언니들이 정말 많았다.

애초에 연애관부터 다르다. 프랑스인은 연인 관계에서도 독립성을 추구한다. '나는 나, 너는 너'라는 말이 사랑하는 사이에서도 통한다고 생각하면 된다. 일상을 미주알고주알 공유하기보다 각자 삶을 살다가 애인을 만나 함께 시간을 보내는 식이다. 시시콜콜한 일로 연락을 이어가지 않는다. 긍정적으로 보면 쿨한 연애, 부정적으로 보면 살짝 방치하는 연애인 셈이다. 그렇다고 프랑스 남자가 사랑에 무심하지는 않다. 자상하고 다정하며 함께하는 동안 애인에게 모든 열정을 쏟아내고 가감 없이 사랑을 표현한다. 문제는 그 솔직함이 이별에도 적용된다는 거지만. 마음이 식었다든가, 다른 사람을 사랑하게 됐다든가 하는 말을 연인에게 털어놓는다. 당황스러울 정도로 자기 감정에 당당하다. 프랑스에서는 누군가를 사랑하는 것 자체가 사생활이기 때문에 행여 상대가 바람났다고 해도 그를 도덕적으로 비난하지 않는다. 바람을 큰 문제로 삼지 않겠다고 자기들끼리 사회적으로 합의했나 싶을 정도다.

그만큼 프랑스의 연인 관계에서 가장 중요한 건 서로의 영역을 존중하고 서로에게 강요하지 않는 것이다. 그래서 우리나라에서 남자친구에게 바라는 모습을 프랑스 남자에게서 보기 어렵다. 남자니까 여자친구를 집까지 바래다준다, 남자니까 여자친구가 들고 있는 가방이나 짐을 대신 들어준다는 문화 따위 없다. 내가 더 소득이 많으니 내가 비용을 더 부담하겠다고 하지, 남자니까 데이트 비용을 더 많이 내겠다고 말하는 프랑스 남자는 흔치 않다. 애인을 배려하는 건 당연하지만 거기에 '남자니까' '남자답게'라는 말을 갖다붙이지 않는다. 이런 문화를 잘 알지 못한 채 한국에서처럼 프랑스 남자친구에게 흔히 말하는 남자다운 모습을 기대하고 연락에 집착했다가는 파국을 맞을 것이다. 언니들도 그랬으니까.

이쯤 되면 프랑스 남자와 만나서 무슨 데이트를 할까, 의문이 들 것이다. 사랑에는 열정적이지만 지나치게 선을 지키는 남자와 무엇을 해야 할까. 정답은 대화다. 수다쟁이 나라답게 애인을 만나서도 입을 쉬지 않는다. 하지만 일반적인 대화가 아니라 정치, 철학, 사회, 역사 등 인문학에 대해 의견을 공유한다. 수준 높은 대화를 기본 소양으로 여기는 문화가 연인 관계라고 예외일 리 없다. 이런 문화가 자리잡은 만큼 프랑스 남자는 대화를 통해 자신을 성장하게끔 이끌어주는 여자에게 매력을 느낀다. 요약하자면 똑똑하고 능력 있고 성숙하고 존경할 만한 여자. 그래서인지 당시 프랑스 연하를 만나던 한국 언니들은 행복해 보였다. 지금 프랑스의 마크롱 대통령만 봐도 부인과 스무네 살 차이인데, 뭐. 그만큼 프랑스 남자는 상대를 이해하려고 노력하며 함께 성장할 수 있는 관계에서 행복을 느낀다. 지금도 프랑스에서 남편과 행복한 결혼생활을 보내는 언니들을 보면 하나같이 성숙하고 독립적이고 생각이 깊다.

마지막으로 가장 큰 관문, 결혼관이 아예 다르다. 한국에서는 평생을 함께하고 싶은 연인과 결혼하여 백년가약을 맺지만, 프랑스에서는 결혼이 보편적이지 않다. 평생 단 한 사람만 사랑한다고 믿지 않을뿐더러 결혼이라는 제도로 서로를 속박하기보다 자유롭게 사랑하기를 원한다. 결혼한다고 말하는 커플에게 "굳이 결혼을?" 하고 의아해하는 사람이 대부분이다. 사랑하는 연인과 팍스(PACS, 동성 또는 이성 간의 파트너십을 법적으로 인정해주는 제도. 이에 대해서는 나중에 더 자세히 다뤄보겠다)를 맺긴 하지만, 그마저도 관계가 깊은 사이에서 가능하다. 팍스는 느슨한 제도라 결혼만큼 동반자에 대해 큰 책임감을 질 필요가 없다. 게다가 프랑스 남자는 결혼을 했든 팍스를 했든 한번 마음이 돌아서면 절대 뒤돌아보지 않는다. 상대에게 미안하다고 한마디하는 게 전부일 뿐, 큰 죄책감을 느끼지 않는다. 설사 둘 사이에 자식이 있다 하더라도 마찬가지다. 심지어 외국인 배우자는 이혼해도 위자료를 제대로 받기 어렵고, 팍스 관계에서는 아이 양육비라도 받으면 감지덕지다.

자유를 위해 대혁명을 벌인 만큼 프랑스인은 연애에서도, 결혼에서도 자유를 외친다. 우리나라에서 나고 자란 한국 여자가 도통 이해하기 어려운 문화다. 그래서 미디어만 보고 프랑스 남자에게 로망을 가졌다가는 쉽게 상처받을 수 있다. 물론 내가 보고 들은 연애담으로만 프랑스 남자를 단정지을 순 없다. 하지만 그 시절 나와 함께한 친구들은 대부분 이 현실에 고개를 끄덕였다.

10년 동안 볼 꼴 못 볼 꼴 다 본 내가 경험자로서 현실을 알려줘야 할 것만 같았다. 내가 프랑스 남자를 만나지 않은 이유를 말이다. 스트레스 받지 않았으면, 마음고생하지 않았으면 해서 프랑스 남자와의 현실 연애를 주저리주저리 털어놓았다. 국제연애는 문화 차이라는 거대한 장벽을 뛰어넘어야 하니 아주 신중하고 진지하게 오랫동안 고민해보기를 바라면서.

부드러운 말투로 사랑을 속삭이고 꿀 떨어지는 눈으로 애인을 바라보는 프랑스 남자를 상상했다면 심심한 사과의 말을 전한다. 같은 나라에서 자란 한국인과도 이리저리 부딪치는데 아예 다른 환경에서 자란 사람과는 얼마나 많은 갈등을 겪을까. 프랑스 남자와 연애하지 말라기보다 이만큼 우리와 문화가 다르니 환상에서 벗어나 현실을 알고 그들을 만났으면 하는, 자유분방한 프랑스 남자에게 상처받지 않았으면 하는 언니의 마음이었다. 그래도 로맨틱하고 뜨거운 사랑을 나누는 건 각자의 몫이다. 어차피 말려도 만날 사람은 다 만나더라.

부모와
자식의
독립

프랑스에서 연애는 삶의 중심이 아니다. 사생활을 존중하고 자기 삶을 우선순위로 두며 서로에게 간섭하지 않는다. 어느 커플을 만나든 마치 암묵적인 룰처럼 하나같이 독립적인 연애를 추구했다. 그 적당한 거리감을 통해 오히려 서로에게 긴장감과 매력을 느끼는 듯싶었다. 그런데 팍스나 결혼으로 넘어가면 이야기는 완전히 달라진다. 배우자를 인생의 최우선으로 삼기 때문이다. 아이를 낳아도 우선순위는 달라지지 않는다. 프랑스인들은 말 그대로 '부부중심주의'를 표방하는 셈이다.

부모는 아이가 어릴 때부터 아이를 한 사람으로 간주하

며 독립심을 심어준다. 개인주의 나라답게 부모는 부모, 자식은 자식, 서로를 별개의 인격체로 바라보며 명확하게 선을 긋는다. 부모와 자식 사이에서도 그 선을 절대 넘어선 안 된다고, 적당한 거리가 필요하다고 아이에게 가르친다. 프랑스에서 부모는 아이를 위해 모든 것을 희생하는 존재가 아니라 배우자와 사이좋은 모습을 보여주고 아이와 많은 시간을 보내며 아이에게 정서적 안정감과 가족 간의 유대감을 쌓아주어야 하는 존재이다. 부모가 행복해야 아이도 행복하다는 가치관이다.

'나는 나, 너는 너' 관계성은 육아에 그대로 적용된다. 나는 길에서 부모가 시끄럽게 울거나 떼쓰는 아이를 엄하게 혼내고, 식당에서 반찬 투정을 하거나 안 먹는다는 아이의 접시를 부모가 치워버리는 장면을 여러 번 목격했다. 아이가 배고프다고 해도 절대 음식을 주지 않는다. 네가 안 먹는다고 했으니 그 말에 책임져야 한다고 꾸짖을 뿐이다. 이처럼 프랑스 부모들은 아이가 정해진 선을 넘으면 강하게 훈육한다. 얼마나 칼 같은지 프랑스 부모들의 엄격한 훈육 방식은 세계적으로 유명하고 책으로도 나왔다.

내가 '샤샤'라는 아이의 베이비시터로 일하던 시절, 아이 엄마가 이런 이야기를 들려주었다. "우리는 사샤에게 재산을 물려주지 않을 생각이야." 그녀는 부모가 재산을 자식에게 상속하는 것은 자식의 인생을 훔치는 일이라고 말했다. 자식이 어릴 때는 다양한 경험을 해보라는 의미에서 부모가 자식을 무한정 지원해야 하지만 성인이 되어서도 재정적인 지원을 계속하면 아이가 돈이 없이 해볼 수 있는 경험, 목표를 성취할 기회, 그 경험과 기회들을 통해 진리를 깨닫고 가치관을 형성할 시간, 자기가 진정으로 원하는 삶을 살아볼 시기를 모조리 빼앗게 된단다.

사샤 부모님과 프랑스 친구들이 말하는 부모님을 보면 다들 자식의 인생에 크게 관여하지 않고, 자식도 부모의 삶에 간섭하지 않는다. 서로의 영역을 전혀 침범하지 않는 셈. 그렇다고 아예 가족에게 무관심한 건 아니다. 가족끼리 시간을 자주 가지고 오랫동안 대화하며 서로를 이해하고 존중하기 위해 끊임없이 노력한다. 그렇게 어린이 때부터 부부중심주의와 가족의 관계성을 교육받은 덕분인지 자식들은 부모의 이혼도 자연스럽게 받아들인다. 심지어 부모님에게 새로운 연인이 생겼다고 해도 비난하기보다 그들이 행복하게 살 권리를 존중한다. 부모님의 이혼을 부끄러워하고 절망하고 상처받기보다는 부모의 온전한 행복을 바라는 편이었다. 이런 개인주의적인 관계성은 부모가 나이들어서도 이어진다. 다시 말해 프랑스인은 부모의 노후를 책임지지 않는다. 효도라는 단어가 프랑스어에 존재하지도 않는다. 그만큼 프랑스 가족은 독립적으로 공존한다.

한국의 가족은 프랑스와 정반대다. 한국에서 가족은 곧 '자식중심주의'로 읽힌다. 배우자보다 자식을 더 챙기는 편이다. 부모는 자식을 위해 희생하고 자식은 나이든 부모에게 효도한다. 서로가 서로를 책임지고 돌보고 서로에게 의지하며 살아간다. 문학적으로 비유해보자면 서로가 서로의 호수에 발을 하나씩 담그고 있는 느낌이랄까.

부부중심적인 삶과 자식중심적인 삶. 가정의 두 형태 중 무엇이 더 좋다고 판단하기는 어렵다. 허나 이것만은 확실하다. 부모는 자식이 자립해서 자기 삶을 살 수 있도록 도와주고 자식은 그런 부모를 존경해야 한다는 것. 부모는 자식을, 자식은 부모를 사랑하고 서로의 행복을 빌어준다는 것.

**동거도
결혼도
아니야**

　　　　　　　　　　　커플들이 결혼하지 않고 동거한다고? 프랑스의 동거 문화가 한국에 알려졌을 때 그게 무슨 문란한 문화냐며 부정적으로 보는 사람이 정말 많았다. 하지만 프랑스인들의 동거는 우리가 생각하는 그 동거가 아니다.

프랑스의 동거라고 알려진 제도는 '팍스*PACS*('Pacte Civil de Solidarité'의 줄임말, 시민 연대 계약)'다. 간단히 설명하자면 두 동성 또는 두 이성 간의 동거를 공식적으로 인정하고 법적으로 보호해주는 제도다. 일반 동거보다는 단단하고 결혼보다는 느슨하지만, 팍스로 묶인 커플도 결혼한 부부처럼 법적 권리와 의무를 진다. 세제_{稅制}, 건강보험, 자녀 교육 지원 등 결혼과 동등한 혜택을 받기도 한다. 다만 결혼보다는 개인의 독립을 존중하기 때문에 팍스는 재산분할을 법적으로 보장하진 않는다. 재산은 각자의 몫으로 인정하는 셈이다. 그래서 팍스를 맺는 과정도, 해지하는 과정도 결혼보다 훨씬 수월하다.

그럼 사람들이 쉽게 팍스를 신고하고 쉽게 헤어지지 않을까 하는 의문이 들 수 있다. 하지만 팍스는 "우리가 사랑해서 같이 살겠다는데 왜 나라의 허락을 받아 결혼해야 해?"라는 질문에서 시작되었다고 한다. 여기서 '우리'는 원래 동성 커플을 의미했지만 시간이 지날수록 동성, 이성 할 것 없이 결혼을 생각할 만큼 관계가 깊은 커플이 결혼 대신 팍스를 선택하게 되었다. 사실상 말이 동거지, 팍스 커플은 여느 부부처럼 살며 자식을 낳아 키우기도 한다.

게다가 팍스 제도는 외국인에게도 활짝 열려 있다. 외국인이 프랑스인 애인과 팍스를 신고하면 팍스 비자를 받아 합법적으로 프랑스에서 일할 수 있다. 프랑스에 거주하는 외국인들끼리 팍스를 맺는 것도 가능하다. 팍스를 신고한 외국인도 다른 팍스 커플들처럼 똑같이 세금을 납부하고 혜택을 받는다.

한국인 애인을 둔 프랑스인은 조금 억울할 것이다. 프랑스인-한국인 커플이 한국에서 함께 살며 법적으로 보호받으려면 결혼 외에 별다른 방법이 없기 때문이다. 동거나 사실혼 관계만으로는 한국 비자를 받기 어렵다. 결국 한국인 애인을 둔 프랑스인들은 한국에서 살기 위해 결혼하거나 프랑스에서 애인과 팍스를 신고하는 편이다.

한국에도 조금씩 이런 제도들이 생겨나면 좋겠다는 생각이 든다. 아직 한국은 결혼만 공식적인 가족의 결합으로 인정하고 그 자격은 이성 커플에게만 주어진다. 이성이든 동성이든 연인들이 자유롭게 사랑하는 분위기가 조성되면 이 사회가 좀더 부드러워지지 않을까.

동거와 결혼은 법적 보호를 더 받느냐 덜 받느냐, 그 한 끝에서 차이가 생긴다. 둘을 정의하는 관계가 무엇이냐보다 더 중요한 것은 그 관계가 얼마나 깊은지, 서로가 서로를 얼마나 믿는지다. 서로에 대한 무한한 신뢰와 마음만 있다면 그 자체로 사랑은 완성되니까.

꼬마 친구 사샤

나의 인스타그램 게시물에 '좋아요'를 누르고 보고 싶다는 메시지를 며칠에 한 번씩 보내는 아이 사샤. 그 인연은 16년 전으로 거슬러올라간다.

현지인만큼 파리에 적응했을 즈음 금융위기가 터졌다. 한국에 계시는 엄마는 내게 돈 걱정은 하지 말라고 했지만 나는 모든 부담을 부모님께 떠넘기고 싶지 않았다. 남는 시간에 아르바이트라도 해야겠다고 생각하던 찰나에 친구가 프랑스 아이의 베이비시터 자리를 소개해주었다. 바스티유 지역에 사는 귀여운 네 살배기 꼬마 사샤. 귀공자 같은 오라 *aura*를 풍기는 어린이였다.

처음 사샤를 만났을 때 사샤는 낯을 심하게 가렸다. 내게 얼굴도 보여주지 않고 엄마 품에 꼭 붙어 있었다. 엄마에게 가겠다며 한두 시간 동안 칭얼거린 날도 많았다. 하지만 유치원 하원 시간에 내가 매일 데리러 가고 저녁 일고여덟 시까지 같이 있다보니 사샤와 금세 친해졌다. 언젠가부터는 내가 유치원 문 앞에서 기다리고 있으면 아이는 저 멀리서부터 내 이름을 부르며 달려왔다. 우리는 손을 꼭 잡고 집 근처 공원에서 산책하다가 집으로 돌아갔다. 간식을 챙겨 먹이고 놀아주고 씻기다보면 아이 부모님이 퇴근하고 나와 교대를 했다.

가을, 겨울에는 일주일에 한두 번 바스티유 광장 근처 카페에 사샤를 데리고 갔다. 단둘이 카페 테라스에 앉아 난로를 쬐며 나는 커피 한 잔, 사샤는 핫초코 한 잔 마셨다. 크루아상도 하나 시켜 나눠 먹으며 사샤에게 오늘 유치원에서 무슨 일이 있었는지 물어보았다.

네 살 꼬마 아이와 주고받는 대화는 내 프랑스어 수준에 딱 맞았다. 사샤는 종종 내 프랑스어 선생님이 되어주었다. 내 발음이 이상하면 자기를 따라 해보라며 발음을 하나하나 바로잡아주고 내가 어법에 어긋난 말을 하면 사샤는 곧바로 틀린 말을 바르게 고쳐주었다. 비가 오거나 추운 날이면 집에서 시간을 보냈는데 가끔 아이는 동화책을 읽어달라 했다. 그러면 나는 구연동화 선생님처럼 목소리를 바꿔가며 읽어주었다. 내 발음이 본인 마음에 안 들 때면 사샤는 짜증 섞인 목소리로 "내가 읽어줄게" 하고 책을 뺏어갔다. 사샤의 훈련 덕분에 나는 교수님께 파리지앵처럼 말한다는 칭찬까지 들었다.

오후 네 시부터 저녁 일곱 시 삼십 분, 늦어도 여덟 시까지 하루에 서너 시간 정도 일하는 데다 시급도 꽤 높아서 괜찮은 일자리였다. 부모님께 손 벌리지 않고 천정부지로 오르는 환율을 나 혼자 감당할 수 있었다. 사샤 부모님은 내가 아이와 무엇을 하는지 캐묻지도 않았다. 유치원 하원만 제때 하면 되었다. 카페에서 내 친구들과 수다를 떨면서 아이를 돌보든 식당에서 밥을 먹든 시내에서 쇼핑을 하든 유치원 엄마들과 공원에 가서 놀든 아이 부모님은 나에게 아이를 전적으로 맡기고 나를 온전히 믿어주었다.

어느 날 아침 여덟 시, 사샤 엄마가 출근 준비를 하고 있는데 당장 급하다며 지금 바로 와줄 수 있냐고 물었다. 다행히 그날 아침 수업이 없어서 곧장 사샤네로 달려갔다. 등원 시간에 맞춰야 하니 방금 일어나 비몽사몽한 아이를 욕실로 데려갔고 세수와 양치를 하는 것을 지켜봤다. 허겁지겁 옷을 갈아입히려는데 사샤 엄마가 나를 멈춰 세웠다.

"옷을 갈아입히는 건 너의 일이 아니야. 사샤 스스로 하게 내버려둬. 아이가 도와달라고 말하기 전까지는 절대 해주지 마. 유치원에 조금 늦어도 괜찮으니까 사샤가 혼자 준비하도록 기다려줘."

그 말에 나는 잠자코 사샤를 지켜보았다. 그런데 네 살배기 아이가 혼자 주섬주섬 옷을 입고 양말을 신는 게 아닌가. 신발까지 야무지게 찾아 신고 나갈 준비를 다 마쳤다.

그로부터 몇 주 후 금요일, 집에서 쉬고 있는데 휴대폰이 울렸다. 사샤 부모님이 토요일 저녁 일곱 시부터 새벽 세 시까지 집에서 애를 돌봐달라고 부탁했다. 택시비와 야간 추가 수당도 주겠다며. 별다른 약속도 없던 터라 '사샤도 보고 돈도 벌고 잘됐다' 하며 흔쾌히 가겠다고 답했다.

다음 날, 사샤네에 도착해서 현관문을 열었는데 사샤 아빠가 나와 아이가 먹을 저녁을 차리고 있었다. 외출 준비하기도 바쁠 텐데 그는 촉촉하고 담백한 생선구이, 싱싱한 샐러드, 알맞게 구워진 채소구이 등 먹음직스러운 프랑스 요리를 식탁에 예쁘게 차려놓았다.

"너와 사샤를 위해 내가 솜씨 좀 발휘해봤어. 저녁 맛있게 먹고 이따가 아홉 시에 사샤를 재우고 너도 눈 좀 붙여. 참, 식탁을 치우고 설거지하는 건 너의 일이 아니니까 절대 하지 마." 그가 활짝 웃으며 말했다.

부모님이 나가는 것을 눈치챘는지 사샤는 자기도 따라가겠다며 울고불고 난리를 쳤다. 하지만 사샤 부모님은 눈 하나 깜짝 안 했다. 오히려 내가 "애가 저렇게 우는데 어떡하냐"며 안절부절못하자 사샤 엄마는 걱정 말라고 했다.

"우리 부부도 오붓하게 데이트할 시간이 필요해. 같이 패션쇼를 보러 가거든. 부모가 행복해야 아이도 행복해. 그러니 사샤가 우는 건 신경쓰지 않아도 돼."

그러고 쌩 하고 나갔다. 울어도 별 소용없다는 것을 알아차렸는지 사샤는 울음을 뚝 그치고 저녁을 맛있게 먹었다. 한 시간 동안 신나게 놀고 나의 자장가를 들으며 곤히 잤다.

또다시 사샤 부모님이 주말 저녁에 아이를 봐달라고 부탁했을 때, 나는 아예 우리집에서 사샤를 보다가 다음 날에 데려다주겠다고 말했다. 돈은 추가로 주지 않아도 된다고. 사샤를 돌봐주다가 새벽에 집으로 돌아가는 게 더 힘들었기 때문이다. 그러자 그들은 육아에서 자신들을 구해줄 사람을 만난 것처럼 엄청나게 환호했다. 그후로 사샤는 가끔 우리

집에서 내가 해준 밥을 먹으며 주말을 보냈다.

베이비시터 일은 내가 독일로 이사가기 전까지 4년 동안 계속했다. 유치원 졸업부터 초등학교 입학까지 사샤 곁에 늘 내가 있었다. 내가 약속을 어기지도 않고 별다른 사고 없이 아이를 돌본 게 고마웠는지 사샤 엄마는 내가 그만둔다고 했을 때 무척 아쉬워하면서 '소니아 리키엘' 브랜드의 롱 드레스 한 벌을 선물했다. 발목까지 내려오는 벨벳 드레스라 무대에 어울릴 것 같았다. 우아한 드레스를 입고 관객들을 향해 노래를 부르는 장면이 절로 상상되었다. 내가 성악을 공부한다는 것을 기억하고 고급스러운 드레스를 챙겨준 것에 감동받아 고맙다고 거듭 인사했다. 그녀는 자기야말로 고마웠다며 독일로 떠나는 내 앞날을 축복해주었다.

"너는 우리한테 가족 같은 존재야. 그동안 고생 많았어. 사샤가 너를 어찌나 잘 따르던지. 정말 고마웠어. 파리에 오면 언제든 연락해."

서로 고마움을 주고받던 그날을 돌아보며 지금도 그 드레스를 옷장 안에 고이 모셔두고 있다.

사샤는 올해 대학교 1학년이 되었다. 나를 졸졸 따라다니던 꼬맹이가 훌쩍 자라 인스타그램에 친구들과 신나게 노는 사진을 올린다. 사나흘에 한 번씩 나를 너무 만나고 싶다며 애틋한 메시지도 보낸다. 매년 1월 1일 새해 인사도 빼먹지 않는다. 프랑스 시간으로 밤 열두 시가 지나면 '본 아네(bonne année, 새해 복 많이 받으세요)'라 보낸다. 옆에 엄마도 같이 있었는지 다음에 사샤랑 같이 한국에 놀러가겠다고 사진을 보내왔다.

귀엽고 사랑스러웠던 네 살 꼬마가 몇 년째 다정한 메시지를 보내올 때마다 나와의 추억을 아름답게 기억해주는 한 사람이 있다는 게 실감난다. 시작은 아르바이트였지만 이제는 친한 친구, 친한 가족이 된 선물 같은 인연을 앞으로도 계속 소중하게 지켜갈 테다.

나의 울타리, 나의 버팀목

한창 유학생활을 이어가던 중, 1유로에 1200-1300원 하던 환율이 2100원까지 치솟았다. 2008년 전 세계를 강타한 금융위기 때문이었다. 그 위기는 유학생들에게도 큰 영향을 미쳤다. 극심한 경기 침체로 집세와 생활비가 가파르게 상승하면서 많은 유학생들이 그 부담을 버티지 못하고 귀국길에 올랐다.

하루가 다르게 비싸지는 물가에 허리띠를 한껏 졸라맬 무렵, 엄마에게서 연락이 왔다. 은행 파산, 국가 부채 위기, 재정 악화 같은 갈수록 심각해지는 상황을 접했는지 "요즘 환율 많이 올랐던데 어떻게 지내?"라고 물어보셨다.

"엄마, 괜찮아. 요즘 나 슈퍼에서 싼 것만 사다 먹고 쇼핑도 끊었어. 외식도 안 하고 장 봐온 식재료로 집에서 해 먹고 있어. 돈 아끼면서 잘 살고 있으니까 걱정 마."

얼마나 절약하며 사는지 자랑하면, 잘 적응하고 있다고 기특해할 줄 알았건만 엄마는 갑자기 화를 내셨다.

"내가 그렇게 궁상떨라고 너를 프랑스까지 보낸 줄 알아? 환율이 올라서 힘들다고 엄마한테 이야기했어야지. 식비 아끼겠다고 여태 싼 것만 먹었던 거야? 타지에서 혼자 사는 만큼 더 잘 챙겨 먹어야지, 건강하게 말이야. 왜 몸에 안 좋은 거 먹으면서 고생하고 있어. 엄마가 바로 돈 보내줄 테니까 사고 싶은 것, 먹고 싶은 것 다 사. 비싸도 꼭 좋은 거 사 먹어! 엄마랑 약속해."

격양된 목소리에는 혼자 멀리 떨어져 사는 딸에 대한 걱정이 배어 있었다. 자식이 고생하지 않았으면, 골고루 잘 먹었으면 하는 바람도 같이. 세상을 다 얻은 기분이었다.

또 한번 언제나 내 곁에 엄마가 있음을 실감한 적이 있었다. 졸업시험 전날 밤, 눈을 감고 또 감아도 잠이 오지 않았다. 최상의 컨디션을 위해 평소보다 더 깊게 숙면을 취해야 하는데 너무 불안한 나머지 온갖 잡념들이 머릿속에 가득차서 도저히 잠을 잘 수가 없었다.

졸업시험 응시자는 문화예술 전문가 다섯 명에게 평가를 받는데 시험 당일까지도 어떤 전문가가 심사할지 알 길이 없다. 게다가 졸업시험을 통과하지 못하면 아예 학위를 받지 못한다. 재시험 제도도 없어 한 번 불합격하면 어려운 교육과정을 버티며 훈련받은 몇 년간의 노력과 학위증이 온데간데없이 사라지는 셈이다. 나는 매년 시험에서 떨어져 쫓기듯 학교를 나간 친구들을 봐왔다. 흐느끼며 정문을 나서는 친구들을 볼 때마다 나는 저 모습이 내 미래일 수도 있겠다는 불안감에 휩싸였다. 내일이면 내가 한국에서 프랑스까지 온 이유인 음악원 학위가 한순간에 결정된다니. 학위를 받고 돌아가느냐, 10년 동안의 노력이 물거품이 되느냐, 모 아니면 도인 상황이었다.

이대로 있다가는 밤을 꼴딱 새울 것 같아서 엄마에게 전화를 걸었다. "엄마" 하고 운을 떼자마자 돌아오는 한마디. "왜 무슨 일 있어?" 그 말에 나는 눈물을 왈칵 쏟았다. 유학 생활 중에 엄마 앞에서 처음으로 울었다.

"엄마, 나 내일 졸업시험 봐. 그런데 너무 무서워. 시험에서 불합격하면 나 학위도 못 받아. 심사위원 중에 한 명이라도 반대하면 나는 졸업장을 받을 수가 없어."

울음을 참아보려 해도 멈추질 않았다. 그때 엄마가 부드러운 목소리로 말하셨다.

"엄마랑 아빠는 네가 졸업 못 해도 괜찮아. 엄마는 우리 딸이 건강하고 무탈하게 돌아오는 것, 그 하나만으로도 감사해. 그러니까 울 필요 없어. 평소에 하던 대로 하면 되지. 그리고 졸업 못 하면 네가 가장 속상하지, 엄마가 너만큼 속상하겠니? 엄마는 너만 괜찮으면 다 괜찮아. 네가 학위를 못 받는다고 해도 프랑스에서 네가 경험하고 배우고 깨달은 것들이 너한테 남잖니. 그러니까 우리 딸, 아무 걱정하지 말고 얼른 푹 자."

엄마의 위로는 지구 반 바퀴를 돌아 나에게 닿았다. 그동안 내가 허망한 시간을 보낸 게 될까봐, 부모님이 내게 실망하실까봐 했던 걱정들이 저편으로 흩어졌다. 엄마의 사랑을 온몸으로 느끼며 단잠에 빠질 수 있었다.

다음 날 아예 긴장하지 않았다면 거짓말이다. 시험 보기 직전에 떨지 않는 사람이 있을까? 그래도 엄마가 나를 지켜보고 있다고 생각하니 전날 밤보다 덜 불안했다. 든든한 버팀목이 나를 딱 받치고 있는 기분이었다. 엄마에게서 받은 용기가 통했는지 나는 심사위원 만장일치로 졸업시험을 당당히 통과할 수 있었다.

비단 이때만 아니라 부모님은 늘 나를 믿어주셨다. 내가 음악을 공부하고 싶다고 할 때도, 파리로 유학을 가겠다고 할 때도 나의 선택을 존중하셨다. 그 사랑과 신뢰는 파리까지 날아왔다. 내가 파리에서 무얼 하고 어떤 결정을 내리든 잘하고 있다고 응원을 보내주셨다. 애초에 내 인생에 부모님이 크게 간섭하신 적이 있나 싶다. 인생의 결정권은 스스로 쥐고 있어야 한다는 부모님의 강한 신념하에 나는 모든 일을 혼자 결정하고 혼자 해결해야 했다. 때로는 실패하고 때로는 두고두고 후회하기도 했지만 어떤 문제에 맞닥뜨려도 나는 내 힘으로 헤쳐나갈 수 있었다. 그래서 그동안 해왔던 것처럼 독립적으로 판단하고 행동하며 나는 유학생활에 더 빨리 적응하고 좋은 사람들을 많이 만날 수 있었다. 부모님의 절대적인 믿음과 무한한 지지 덕분에 나는 어딜 가든 살아남는 사람이 되었다. 자식은 몇 살이 됐든 부모의 사랑을 먹고 자란다.

남프랑스 별장으로

졸업시험이 끝나고 그해 여름, 나는 프랑스 남부의 외딴 시골 마을에서 3박 4일을 보냈다. 지도 교수님이 나를 포함한 제자 여섯 명을 별장에 초대하셨기 때문이다. 고개를 돌릴 때마다 아름다운 풍경이 펼쳐지는 프랑스 남부, 그곳에 있는 별장은 또 얼마나 아름다울까. 남부에 가기 며칠 전부터 설레었다.

시골로 출발하는 날, 이른 아침부터 친구들과 기차역에 모였다. 약 세 시간 동안 기차를 타고 역에서 별장까지는 교수님 부부 차를 타고 갔다.

별장에 도착하자마자 나는 입을 다물 수 없었다. 분위기를 압도하는 대저택, 회색빛 돌벽, 지중해 양식의 밝고 따스한 정원, 앞마당에 딸린 수영장까지, 별장은 기대했던 것보다 더 호화로웠다.

현관에 짐을 내려놓고 집 안을 구경했다. 거실, 주방, 침실 여기저기에서 교수님의 미감을 엿볼 수 있었다. 별장을 한 바퀴 돌아보고 짐을 챙겨 침실로 향했다. 게스트룸으로 마련된 방 세 개에 침대가 두 개씩 있어 두 명씩 한 방을 사용했다. 짐을 대충 풀고 침대에 앉아 있는데 창문 너머로 시원한 바람이 들어왔다. 선선한 바람을 맞으며 침대까지 오는 쨍한 햇빛을 보니 그제야 남부에 온 게 실감났다.

방에서 잠시 쉬다가 우리는 수영복으로 갈아입고 수영장에 몸을 던졌다. 여름방학을 맞아 할아버지 댁에 놀러온 어린아이들처럼 물장구도 치고 서로에게 물도 튀기며 물놀이를 즐겼다. 수영장에 모든 에너지를 쏟아붓고 녹초가 되어 침대에서 뒹굴다가 다시 거실로 나와 이야기를 나누었다. 우리는 학기 내내 붙어 있었지만 오랜만에 만난 사촌들처럼 왁자지껄 떠들었다. 한창 수다에 빠져 있는데 교수님이 우리를 불러모으셨다. 저녁에 각자 자신 있는 음식을 만들어 보라고 하시면서.

그때부터 머리가 지끈거렸다. 한식을 만들려면 아시아

슈퍼마켓에서 재료를 구해와야 하는데 여기는 시골이라 그런 슈퍼마켓이 있을 리 없고. 그렇다고 프랑스 요리를 만들면 프랑스 친구들과 비교될 텐데. 마땅한 결론을 내리지 못한 채 일단 장 보러 가는 차에 올라탔다.

슈퍼에 들어가서도 무슨 음식을 만들어야 할까 고민하며 코너를 둘러보고 있는데 일본식 간장인 '기꼬만 간장'이 눈에 들어왔다. 그 순간 내 요리는 떡갈비로 결정됐다. 이유는 모르겠다만 기꼬만 간장을 보니, 예전에 한국인 유학생들이 다짐육과 여러 재료를 섞어 만두를 빚고 햄버거 패티를 만들었다는 이야기를 들은 기억이 떠올랐기 때문이다. 떡갈비는 다짐육만 있으면 만들기도 쉬울뿐더러 한국의 대표적인 전통 음식이기도 하다. 바로 장바구니에 다진 돼지고기와 다진 소고기, 당근, 버섯, 양파, 옥수수 전분을 담았다.

별장으로 돌아와 본격적으로 요리를 시작했다. 채소를 잘게 다지고, 믹싱 볼에 다진 채소, 고기, 간장, 설탕을 몽땅 넣고, 전분과 녹인 버터를 섞은 후 손으로 마구 주물렀다. 반죽이 차졌을 즈음, 반죽을 한 주먹 떼어 동그랗게 말았다가 얇게 폈다. 달궈진 프라이팬에 떡갈비를 올리니 치익 소리와 함께 달큼한 냄새가 주방에 퍼졌다. 한 면이 노릇노릇하게 구워질 때까지 기다렸다가 확 뒤집었다. 정성으로 구운 떡갈비를 예쁜 접시에 플레이팅했다.

우리는 각자의 음식을 만들어 테이블에 올려놓았다. 감자그라탱, 가자미뫼니에르, 라타투이, 리옹식 샐러드, 과일타르트…… 형형색색의 요리들이 테이블을 화사하게 채웠다. 우리 여섯 명과 교수님 부부까지, 다 같이 테이블에 앉아 저녁을 먹었다. 내가 친구들의 음식을 맛있게 먹고 있을 때 교수님은 내 떡갈비가 정말 맛있다고 극찬하셨다. 고기 요리를 어쩜 이렇게 맛있게 만들 수 있냐며 함박웃음을 지으셨다. 그러고는 어떤 재료를 어떻게 다듬었는지, 어떤 비율로 재료를 섞었는지, 몇 분 동안 떡갈비를 구웠는지, 몇 번 뒤집었는지, 불의 세기는 어느 정도로 조절해야 하는지 등 요리 과정을 아주 세세하게 물어보셨다. 친구들의 입맛에도 맞았는지 떡갈비는 몇 분 만에 한 조각도 남김없이 사라졌다. 달달하면서도 짭조름한 떡갈비, 한국 요리에 담긴 진리의 '단짠 조합'이 당시 프랑스에도 통했던 것이다.

지금만큼 프랑스인들에게 한식이 알려지기 전에 나는 떡갈비로 한국의 맛을 보여주었다. 요즘 파리 한식당에서도 떡갈비를 팔고, 외국인에게 한국 음식을 소개하는 프로그램에서도 떡갈비가 빠지지 않고 등장하는 것을 보면 나의 떡갈비 요리는 최고의 선택이 맞았다. 그 시절 나는 조용히 한류를 알리는 선두 주자였던 셈이다.

**낭만과
이성과
　　　멋**

　　　　　　　　　　나는 프랑스, 독일, 이탈리아
에서 살아봤다. 세 나라 간의 거리는 가깝지만 문화와 정서
는 완전히 다르다. 특히 인생관이 다른데…….

　우선 내가 가장 오래 있었던 프랑스. '낭만의 나라'라는
타이틀을 거머쥔 나라답게 프랑스인의 인생에서 낭만은 중
요한 화두다. 프랑스인은 아름다운 삶을 추구한다. 그래서
자기 감정과 생각을 표현하는 데에 거침없다. 자신이 좋아
하는 사람들과 어울리며 쉬지 않고 소통하고 생각을 나누고
일상을 공유하는 행복이 무엇인지 아는 사람들이다. 그리고

원칙보다는 상황과 기분에 따라 의사와 결정이 언제든 달라질 수 있는 나라.

프랑스인은 집 안 곳곳에 감성을 심어두기도 한다. 벽지, 가구, 접시, 조명, 화분 등 주인의 취향이 묻어나지 않은 곳이 없다. 하물며 예쁜 접시에 음식을 어떻게 플레이팅할지 진지하게 고민한다. 이처럼 섬세함을 보여주는 것 자체가 그들에게는 행복이다.

내가 4년간 있었던 독일은 인간성과 이성, 이 두 단어로 요약 가능하다. 철학의 나라인 만큼 독일인들은 인간에 대해 고민하고 연구하는 사람들 같았다. 어떻게 인간적으로 살아야 할지, 인간의 본성은 무엇인지, 인간의 욕망과 한계는 어디까지인지, 사회와 개인은 각각 어떤 역할을 해야 하는지, 삶의 가치는 어디에 있는지 등을 혼자 조용히 고민한다. 이성적이고 냉철한 원칙주의자 같다.

여기까지 독일인의 특성을 훑으며 역시 독일인은 미디어에서처럼 무뚝뚝하고 무섭다고 생각할지도 모르겠다. 하지만 독일은 겉은 차갑고 속은 따뜻한 나라의 표본이다. 차가운 껍데기를 살짝만 벗기면 그 안에 사람 냄새가 가득하다. 프랑스인처럼 화려한 표현을 사용하진 않지만 독일인은 단어를 고르고 골라 상대에게 마음을 전달한다.

마지막으로 이탈리아인은 멋에 살고 멋에 죽는 사람들 같다. '내 삶의 주인공은 나야 나'를 모토로 삼은 듯 그들은 어떻게 멋지게 살지를 고민한다. 그래서인지 온몸에 멋을 부린 사람들이 자주 보인다. 명품으로 치장한다기보다 자신을 돋보이게 하는 방법을 알고 옷과 액세서리로 미美를 뽐내는 편이다. 그래서 패션 감각이 떨어지는 사람들에게 이탈리아는 약간 난도가 높은 나라다.

어디까지나 나의 개인적인 경험일 뿐, 어느 도시에 가느냐, 어떤 사람을 만났느냐, 무엇을 경험하고 느꼈느냐에 따라 세 나라의 이미지가 다를 것이다. 허나 분명한 건 어느 나라를 가든 그곳에는 사람이 있다는 것이다. 삶을 대하는 태도와 그 온도가 다를지언정 각자 하루하루를 어떻게 보낼지 고민하고 나름의 방법으로 매일을 살아간다. 그 속에는 그들만의 아름다움이 존재하고.

3부

파리에서 쾰른으로

내가 비행기를 타고 온 이유였던 학위를 받고 나니 한국으로 돌아갈까 고민이 되었다. 파리에 남아 경력을 더 쌓을지 아니면 한국에서 마음 편하게 일할지 갈등하고 있는데 남자친구가 독일로 오는 게 어떻겠냐고 제안했다. 독일에서 일할 수 있게 도와줄 테니 자기가 있는 쾰른으로 오라면서. 새로운 곳에서 새로운 경험을 하며 더 성장할 수 있으리라 기대했고 나는 한국행을 포기한 채 쾰른으로 거처를 옮겼다. '도와주겠다'는 말을 철석같이 믿어선 안 됐다.

내가 쾰른행을 선택하자 남자친구는 집을 어떻게 할 거냐 물었다. 자기와 한집에서 살지, 아니면 따로 살지 결정하라고 했다. 갑자기 딸이 독일로 이사를 가는데 남자친구와 동거를 한다…… 그 말을 듣고 놀라지 않을 한국 부모가 있을까. 가뜩이나 타지에서 혼자 산다고 걱정이 많으신데 부모님께 더 걱정을 끼치고 싶지도, 동거 사실을 숨기면서 죄책감을 느끼고 싶지도 않았다. 나는 그에게 혼자 살겠다고 말했고, 그는 괜찮은 집을 알아보겠다고 답했다. 며칠 동안 발품을 열심히 팔았는지 그는 자기 집에서 차로 십 분 거리인 시내 중심가에 집을 구했다며 집 내부와 외부 사진 여러 장을 찍어 보내주었다. 외국인이 혼자 구하기 힘들 만큼 좋은 집이었다. 가격도 훌륭하고.

이사 당일 여느 때처럼 쾰른에서 달려온 남자친구 차에 짐을 한가득 실었다. 그의 도움은 거기까지였다. 집 계약과 이사를 도와준 것처럼 내가 정착하는 데 그가 많이 도와줄 줄 알았는데 전부 다 나의 착각이었다. 쾰른으로 이사한 날, 남자친구는 "나머지는 스스로 할 수 있는 일이니 혼자 해봐" 하고 집으로 홀연히 돌아가버렸다. 독일어를 한마디도 할 줄 모르는 나를 두고 말이다.

아기 새처럼 어미 새만 기다릴 생각은 추호도 없었지만

남자친구가 '혼자 해'라고 쐐기를 박으니 괜히 더 오기가 생겼다. 게다가 주변에서 독일 여자들이 공사장에서 땅을 파고 건물에 새시를 교체하고 대형 트럭을 몰고 일하는 모습을 몇 번 보다보니 남자친구한테 도와달라는 말이 쏙 들어갔다. '오래 걸리고 답답한 프랑스 행정도 혼자서 다 처리했는데 독일에서라고 못하겠어? 타지생활 10년 차면 눈 감고도 하지.'

우선 인터넷과 전기부터 신청했다. 집에 전기가 들어와야 뭐든 할 수 있으니. 전화로 신청하면 된다기에 사전과 구글 번역기를 활용해서 대본을 미리 적어두었다. 예상 가능한 시나리오를 다 적어두고 통신사와 지역 전기 회사에 전화를 걸었다. 대본에 써둔 대로 주소를 말하고 원하는 방문 날짜와 시간을 잡았다. 며칠 후 인터넷과 전기 기사가 예약한 시간에 딱 맞추어 설치하고 갔다.

그다음은 은행 구좌 열기. 비자를 발급받기 위해서는 무조건 현지 은행에서 계좌를 개설해야 했다. 독일 유학생 커뮤니티에 올라온 글들을 읽어보니 독일도 프랑스와 비슷하게 직접 은행에 방문해야 했다. 이용 후기가 꽤 괜찮은 은행에 가서 직원과 일정 예약을 잡고 돌아오는 길에 도서관에 들러 필요한 서류를 복사했다. 약속 당일, 은행에 미리 가서 내 순서를 기다렸다. 담당 직원은 원칙대로 모든 서류를 확인하고 그 자리에서 계좌를 개설해주었다. 직원이 각종 서류와 함께 클리어파일을 건네며 절대 잃어버리면 안 된다고 신신당부했다. 카드와 통장을 받고 직원 말대로 가방에 서류를 챙겨 넣었다.

은행 다음은 의료보험. 비자 발급에 의료보험은 필수였다. 보험도 은행과 비슷한 과정을 거쳐 가입했다. 어떤 보험이 내게 유리한지 열심히 물색한 끝에 후기가 많은 보험사를 찾아갔다.

그다음은 어학원 등록하기. 학생비자를 받기 위해서는 어학원을 무조건 다녀야 했다. 인터넷에 검색해보니 쾰른시가 운영하는 평생교육원에서 독일어를 가르치고 있었다. 공공기관이라 그런지 민간 어학원보다 훨씬 저렴했다. 곧바로 사이트에 들어가 학사일정과 등록 기간을 확인했다. 기간이 며칠 안 남았길래 다음 날 교육원에 가서 한 학기를 등록했다.

마지막 최종 단계는 비자였다. 당시 독일 비자는 일 처리가 매우 느리기로 악명 높았다. 요즘도 인터넷에 독일 비자로 골머리를 앓는 글이 올라오는 걸 보면 행정 속도는 여전

한가보다. 학생비자를 받아야 하는지라 내가 독일에서 살 준비가 완료되었다는 것을 거주지 증명서, 보험, 계좌 잔고 증명서 등 온갖 서류로 증빙해야 했다. 비자 심사에 앞서 외국인청에 가서 또 예약을 잡고 돌아왔다. 프랑스든 독일이든 예약은 정말 중요하다. 예약을 해도 처리 속도가 거북이 같은데 예약 없이 무작정 행정기관을 찾아갔다가는 언제 직원을 만날 수 있을지 모른다. 그날 직원을 아예 못 볼 수도 있다. 아무튼 예약한 시간에 신청서와 서류들을 제출하고 집에 비자가 오기만을 기다렸다. 다행히 나는 프랑스 체류증의 유효기간이 남아 있어서 다른 유학생들보다 비자에 쫓기지 않을 수 있었다. 다른 학생들은 대부분 독일에 도착하고 90일이 지난 시점에 비자를 받기 때문에 다들 불법체류자가 될까봐 전전긍긍한다는데, 나는 그럴 일은 없었다.

남자친구는 재정보증인을 서주기만 했다. 그래도 그 덕에 비자를 제대로 발급받은 것 같긴 하지만. 독일어를 읽을 줄도 모르는 여자친구가 쩔쩔매고 있으면 도와줄 법도 한데, 역시나 그는 뒷짐지고 있었다. 여자친구를 강하게 키우는 사람이었다.

인프라 설치부터 은행, 보험, 어학원, 비자까지, 여기에 적은 것 말고도 정착하는 데 필요한 모든 행정 처리를 나 혼자 끝냈다. 남자친구는 예상보다 내가 혼자서 잘한다고 느꼈는지 "너 정말 똑똑하다"라며 칭찬을 해주었다. 칭찬을 하는 건지 약 올리는 건지, 마음 같아서는 그의 머리를 콩 하고 때리고 싶었다.

정착 준비를 하는 내내 처음 프랑스에 왔을 때가 생각났다. 그때는 프랑스어로 인사말 정도 하던 때라 어디서부터 어떻게 해야 할지 아예 감도 못 잡았었다. 비자처럼 중요한 문제는 유학원에 일정 비용을 내고 처리를 부탁하고, 때로는 주변 유학생 선배들한테 SOS를 쳤다. 누군가에게 도움을 받아도 행정 처리만 하고 나면 진이 다 빠졌었는데.

그래도 한 번 해봤다고 쾰른에서는 혼자서도 씩씩하게 잘 마무리했다. 물론 그 과정에서 정보를 잘못 써서 신청이 떨어지면 어쩌지 불안하기도 했다. 하지만 내가 할 수 있는 한 최선을 다해 정보를 찾으며 모든 문제를 해결했다. 어디서든 잘 살 수 있다는, 어디에서도 먹고살 수 있다는 자신감이 생겼다. 어른 다 됐다.

매운맛
　　　　밥
　　　　싸움

　　　　　　　　　파리에서 국제연애나 국제 결혼을 한 언니들이 나에게 꼭 하는 말이 있었다. 국제커플은 연애 초반부터 둘이 죽고 못 사는 커플과 초반부터 개처럼 물어뜯고 싸우는 커플, 이렇게 두 종류가 있다고. 그런데 상대의 단점도 장점으로 볼 만큼 좋아 죽는 커플은 시간이 지날수록 그 단점들을 발견하며 금방 식는 반면 자주 다투는 커플은 싸우면서 서로를 알아가고 서로에게 맞춰나가다 나중에는 상대를 인정하고 존중하더라고.

　나도 독일인 남자친구를 만나는 동안 연애 초부터 2년쯤은 정말 많이 싸웠다. 싸움은 그야말로 매운맛이었다. 주로 문화 차이와 다른 사고방식 때문이었는데 신기하게도 2년 쯤 지나니 싸우는 일이 사라졌다.

한번은 파리 시내의 근사한 레스토랑에 갔을 때였다. 남자친구가 늘 자기가 더 많이 번다며 맛있는 밥을 사주는 게 고마워서 큰마음 먹고 조금 부담스러운 가격대의 레스토랑에 데려갔다. 나는 오리고기 반 마리가 구워져 나오는 '콩피 드 카나르'를, 그는 소고기 요리를 주문했다. 웨이터에게서 음식을 받고 나는 다리살을 큼직하게 잘라 그의 접시에 올려주었다. 맛있고 좋은 부위를 먹어보라는 마음이었는데 그는 갑자기 짜증을 냈다.

"내가 너한테 이걸 먹고 싶다고 하지도, 달라고 하지도 않았는데 도대체 나한테 왜 주는 거야?"

내가 그를 생각하는 마음을 헤아리며 고마워할 줄 알았는데 저런 말을 하다니. 날카로운 말투에 더 상처를 받았다. 기분좋게 외식하러 왔는데 별다른 이유 없이 봉변을 당한 기분이었다. 서러움이 북받쳐 눈물을 흘렸다. 그러자 그는 눈치도 없이 나에게 왜 우냐고 물었다.

"너한테 아무것도 설명하고 싶지 않아. 나의 행동이 불쾌했다면 내가 잘못한 게 맞아. 하지만 너를 무시하는 행위는 아니었어. 그러니 더이상 묻지 마."

내가 싸늘하게 받아친 후로 우리는 말없이 밥만 삼키다 식당을 나왔다. 근처 펍에서 록밴드의 라이브 공연을 보며 가볍게 한잔했다. 남자친구는 그제야 내 눈치를 살피며 기분을 풀어주려고 노력했지만 나의 서운함은 좀처럼 풀리지 않았다. 그렇게 가슴 한구석에 찜찜함을 남겨둔 채 그를 쾰른으로 보냈다. 그후 며칠 동안 그가 나를 달래주길래 모르는 척하고 넘어갔다.

얼마 뒤, 친한 한국인 오빠와 그의 독일인 아내를 같이 만났다. 그간 어떻게 지냈는지 이야기하다가 내가 오리고기로 남자친구와 다툰 일을 털어놓았다. 내 마음도 모르면서 대뜸 화부터 내는 그에게 너무 속상했다고, 왜 그가 쏘아붙였는지 모르겠다고 하자 언니가 나에게 말했다.

"나도 한국에 계신 시부모님 댁에 갔을 때 똑같은 일을 겪었어. 시어머니가 내 접시에 이거 먹어라, 저거 먹어라 하며 올려주시는데 그게 너무 싫더라고. 내가 그 음식을 싫어할 수도 있고 알레르기가 있을 수도 있고 아니면 안 먹고 싶을 수도 있잖아. 그런데 먹으라고 강요받는 기분이었어."

내가 남자친구를 챙겨주고 예의를 지킨 행동이 그를 배

려하지 않는 듯 보였던 것이다. 같이 밥 먹는 사람과 음식을 나누는 것은 한국식 예절이니 그가 나를 이해하지 못하는 것은 당연했다. 언니는 독일에서는 타인이 원치 않을 때 절대 음식을 주어서는 안 된다며 독일의 예의범절을 알려주었다. 그러면서 그녀는 그가 너를 오해했지만 언젠가는 너의 마음을 알아줄 거라며 나를 위로했다.

전래동화 결말처럼 '싸우지 않고 행복하게 잘 만났답니다' 하고 끝났으면 좋았겠지만 우리의 싸움은 계속되었다. 그러는 와중에도 나는 그와 전화를 할 때마다 "뭐 해? 밥은 먹었어?"라고 물었다. 사이가 좋든 나쁘든 늘 그 말로 통화를 시작했고 그때마다 그는 먹었다, 안 먹었다 대답해주었는데, 어느 날 느닷없이 성질을 냈다.

"너는 내가 밥을 먹었는지 안 먹었는지에 왜 그렇게 집착해? 지구상에 내 끼니를 신경쓰는 사람은 너밖에 없어. 돌아가신 외할머니가 내가 어렸을 때 물어보시긴 했지만. 아무튼 나한테 밥 먹었냐고 그만 물어봐. 그게 그렇게 궁금해?"

그의 반응에 무척 당황스러웠다. 전화를 끊고 곰곰이 생각했다. 그러게…… 나는 왜 통화할 때마다 그의 끼니를 물어봤지? 한참을 고민하다가 깨달았다. 영어에는 "하우 아

유(How are you)?", 프랑스어에는 "사 바 비앵(Ça va bien)?", 독일어에는 "비 게츠 디어(Wie geht's dir)?"🔴라는 표현이 있다면 한국어에는 "밥 먹었어?"가 있었다. 그 질문은 한국식 안부 인사였다.

그 주 주말, 내가 그의 끼니 걱정을 하는 이유를 알려주었다. 한국에서는 친한 사이나 가족에게 "밥은 먹었어?"라는 말을 가장 먼저 꺼낸다고. 밥을 먹지 않았다는 것은 근심이 있거나 어디가 아프거나 바쁘다는 것을 의미하니까 그 물음에는 걱정과 애정이 담겨 있다고. 한국은 오랫동안 전쟁을 겪었고 이웃과 친구들과 함께 배고픔을 견딘 시절이 있었기에 식사 여부를 안부 인사로 건네는 문화가 생긴 것 같다고 설명했다. 내 말이 끝나자 그는 감동받은 얼굴로 온화한 미소를 지었다. 그런 의미였는지 몰랐다고, 앞으로 네가 밥 먹었느냐고 물어도 절대 짜증내지 않겠다고 약속했다. 그다음부터 오히려 그가 먼저 밥을 먹었냐고 묻기 시작했다.

밥으로 싸울 정도로 우리는 사소한 일로 자주 티격태격했다. 전화로도 문자로도 얼굴을 마주해서도 다퉜다. 그래

🔴 "하우 아 유?" "사 바 비앵?" "비 게츠 디어?"는 모두 일상적인 안부 인사로, '잘 지내?' '어떻게 지내?'라는 의미를 가진다.

도 남자친구는 한 번도 헤어지자고 하지 않았다. 우리는 너무 다르고 매일같이 싸우는데 더 만나는 게 의미가 있냐며 내가 헤어지자고 말했을 때도 그는 한 귀로 흘려들었다. "네가 하도 헤어지자는 말을 자주 해서 이제는 그 말이 매일 아침마다 하는 '굿모닝'처럼 들려." 정색하며 이별을 고했는데 이런 말을 들으니 웃음이 절로 나왔다. 대수롭지 않게 반응하는 그가 어이없고 또 귀여워서 배꼽을 잡고 킥킥댔다.

2년간 미친 듯이 싸운 덕분일까. 우리는 어느 순간부터 문화 차이, 성격 차이를 포용하기 시작했다. '아이들은 싸우면서 큰다'라는 말처럼 커플도 싸우면서 정들고 싸우면서 서로를 이해하나보다.

한국 음식 트라우마

남자친구는 처음 만났을 때부터 자기는 한국 음식을 아예 못 먹는다고 말했다. 내가 한국인인데 혹시 본인이 한식을 못 먹는 것을 불편해할까봐 고백 아닌 고백을 한 듯싶었다. 그는 예전에 비즈니스 미팅차 서울에 갔었는데 그때 한식을 먹었다가 크게 탈이 났단다. 그후로는 한식이라면 쳐다도 안 본다고 했다. 데이트할 때는 양식이나 일식, 중식을 먹으면 됐고 쾰른에서도 나는 그와 따로 살았으니까 그가 한식을 못 먹는 건 큰 문제가 아니었다.

어느 여름날, 남자친구가 일을 마치고 같이 저녁을 먹자며 우리집에 왔다. 그는 너무 덥다며 냉장고에서 우유를 꺼내더니 갑자기 소리를 질렀다. 냉장고에서 귀신이라도 본 건가 싶어 왜 그러냐고 물었는데 그가 대뜸 코를 잡는 게 아닌가. "냉장고에서 너무 무서운 냄새 나! 여기 도대체 뭐가 있는 거야?"라면서. '무서운 냄새'가 뭐지, 곰곰이 생각하며 냉장고에 넣어둔 음식을 하나둘 되짚어보는데 한국 슈퍼에서 사 온 '종가' 김치가 떠올랐다. 비싸서 아껴 먹고 있던 그 김치. 아마 김치 냄새가 그에게는 낯설었을 테고 그 냄새를 '무섭다'고 표현한 듯했다. 익숙하지 않으니 무서운 냄새가 난다고 한 말은 이해하지만 그가 냄새 때문에 우유도 안 마시겠다고, 냉장고에 있는 음식도 다 안 먹겠다고 했을 때는 기분이 무척 상했다. 내가 김치를 먹으라고 강요한 것도 아니고, 여태껏 한식을 같이 먹자고 권하지도 않았는데 저런 말까지 하다니. 한번 열이 받으니까 분노 게이지가 내려올 생각을 안 했다. 결국 나는 그에게 "너 저거 먹으면 죽으니까 우리집에 있는 거 아무것도 먹지 마!"라고 소리쳤다. 그러고는 속으로 두고 보자며 그를 노려봤다.

며칠 뒤, 어학원에 양념치킨을 만들어 갔다. 한 학기 수업을 마친 기념으로 각자 자기 나라 음식을 싸 와 함께 먹으며 책거리를 하기로 했기 때문이다. 국적이 다양한 만큼 음식 종류도 다양할 텐데 외국인 친구들에게 어떤 한식을 만들어줘야 할까 한참 고민했다. 친구들이 좋아하면서도 한국을 보여줄 만한 음식을 인터넷에 검색해봤다. '외국인' '한국 음식' '레시피'를 조합해서 검색해보니 한국식 양념치킨이 나왔다. 모두에게 익숙한 치킨에 한국식 양념으로 정성껏 버무려 파티에 가져갔다. 다들 프라이드치킨은 수없이 먹어봤지만 양념된 치킨은 처음 본다며 양념치킨을 한입 베어 물었다. 달콤한 맛이 친구들 입맛에 맞았는지 너무 맛있다며 그날의 베스트 요리로 양념치킨을 꼽았다. 이탈리아 친구는 살면서 먹어본 치킨 요리 중에 가장 맛있다며 치킨이 조금 남으면 가져가도 되냐고 물어보았다. 정말 마음에 들었는지 남은 치킨과 양념을 싹 쓸어갔다. 독일인 남자친구처럼 친구들도 안 좋아하면 어쩌나 걱정했었는데 모두들 한국 음식 맛있다며 엄지를 날려주었다. 한국의 맛을 알려주었다는 사실에 기분이 뿌듯했다.

   그날 오후, 퇴근한 남자친구가 우리집에 오자마자 시원한 맥주를 꺼내 마셨다. 식탁 위에 있던 양념치킨을 보고는 입에 한 조각을 털어넣었다. 그러더니 마치 새로운 세상을 맛본 양 눈을 휘둥그레 뜨며 이거 뭔데 이렇게 맛있냐고 묻는다. 내가 저녁에 먹으려고 남겨둔 치킨이라 다 식어서 맛없다고 할 줄 알았는데 맛있다니, 역시 치킨에 맥주는 전 세계 공통의 진리인가. 맛있게 집어 먹는 그에게 나는 한국식 양념을 발랐다 알려주지 않았다.

그후로 나의 새하얀 거짓말이 시작됐다. 갈비찜은 간장을 넣은 '뵈프부르기뇽', 김치볶음밥은 남미식 칠리소스를 넣은 '파에야', 소고기뭇국은 프랑스식 소고기수프, 오이무침은 남미식 칠리파우더를 넣은 샐러드. 나는 정성스럽게 음식을 만들고 이름을 그럴싸하게 꾸며냈다. 한국 음식이라고 하면 그가 안 먹을 테니. 그는 아무런 의심 없이 끝내주게 맛있다며 내가 요리에 엄청난 재능이 있다고 칭찬을 끝도 없이 늘어놓았다. 남자친구는 독일식 돈가스인 '슈니첼', 소시지바비큐, 소고기스테이크, 아스파라거스구이 같은 요리를 번갈아가며 내게 만들어주었는데, 나는 다양한 나라의 음식들을 뚝딱뚝딱 만들어내니 대단해 보였나보다. 그는 나에게 전적으로 요리를 맡기겠다고 했다. 내게 레스트랑과 메뉴를 고를 수 있는 결정권을 주고, 가격에 상관없이 본인이 다 사주겠다고도 했다. 그는 맛있게 먹었고 나는 외식 결정권을 쥐었으니 둘 다 만족스러운 결과를 얻은 셈이지. 살짝 찔리는 양심은 모른 척했다.

  시간이 한참 지나고 그에게 조심스럽게 진실을 고백했다. 네가 먹은 요리가 전부 한국 음식이었다고. 그는 별일 아니라는 듯 맛있게 먹었다며 가볍게 넘어갔다. 그후로 그가 나에게 먼저 한식당에 가자고 제안했다. 푹 끓인 갈비탕도 시켜 먹고 무서운 냄새가 난다던 김치도 밥에 야무지게 올려 먹었다. 그에게 한식 트라우마가 있었나 싶을 정도로 그는 한국인처럼 한식을 즐겼다. 그의 세계를 넓혀주었다는 뿌듯함, 한식의 세계화에 기여했다는 자부심을 느꼈다.

세상에서 가장 잔인한 언어

언제 들어도 가슴 아픈 말.
너를 더는 사랑하지 않아.
그런데 '않아'라는 말을 들을 때까지
잠자코 기다려야 한다면 어떨 것 같아?

한국어로는 '나는 너를 더이상 사랑하지 않아.'
'더이상'에서 이미 부정을 보여줘.
영어로는 '아이 돈트 러브 유 애니모어(I don't love you anymore).'
'don't'가 'love'보다 앞에 오지.

프랑스어로는 '주 느 템 플뤼(Je ne t'aime plus).'

'ne'에서부터 부정하고 있어.

독일어로는 '이히 리베 디히(Ich liebe dich)······ 니히트 메어(nicht mehr).'

'nicht mehr'를 들을 때까지 기다려야 해.

다른 언어처럼 사랑하지 '않아'를 먼저 말해줄 수 없대.

독일어에서 부정 표현은 무조건 끝에 위치해야 한다나.

그래서 독일어를 들을 때는
끝까지 긴장을 놓아선 안 돼.
어떤 표현이 따라올지 모르니까.
어떤 반전이 기다리고 있을지 모르니까.
'너를 사랑해'라 알아듣고 마냥 좋아하다가
'더이상은 아니야'를 들으면
뒤통수를 세게 맞은 기분일 거야.
역시 독일어는 세상에서 가장 잔인한 언어야.

모국어의
텅 빈
자리

                   프랑스 음악원처럼 쾰른 어학원에도 다양한 사람들이 있었다. 나처럼 애인이 독일인이라 독일에 온 외국인, 시리아에서 온 난민, 석박사 과정을 밟기 위해 온 유학생 등 목적도 제각각이고 프랑스어권 아프리카 국가, 동유럽, 스웨덴, 프랑스, 이슬람 국가 등 국적도 제각각이었다. 월요일부터 금요일까지 매일 네 시간 동안 한 반에서 독일어를 배우다보니 금세 사람들과 친해졌다. 영어와 프랑스어를 할 줄 아는 덕에 많은 친구들을 사귈 수 있었다.

  새로운 사람들을 만나고 새로운 언어를 배우는 건 좋았

지만 외출만 하고 돌아오면 몸이 축 처졌다. 영어, 프랑스어, 독일어만 말하다보니 언젠가부터 뇌가 과부하된 듯했다. 외국어라 잠시라도 멍을 때리면 대화 흐름을 놓치기 십상이니 하루종일 상대의 말에 신경을 곤두세우고 있던 탓이다. 게다가 한 언어로만 생활하는 게 아니라 마주하는 사람에 따라 세 언어의 스위치를 계속 켰다 껐다 했더니 뇌가 끊임없이 돌아갔다. 가끔은 한 문장에 영어, 프랑스어, 독일어를 섞어 쓰고, 영어로 말하고 있는데 프랑스어나 독일어가 툭 튀어나왔다. 가장 힘들었던 것은 모국어인 한국어를 쓰지 않는 것이었다. 남자친구가 아무리 나에게 잘해주고 주변에 친구들이 아무리 많아도 채워지지 않는 공허함 같은 것이 늘 있었다.

어학원 친구들은 내 낯빛이 좋지 않다며 걱정해주었다. 나는 한국어를 오랫동안 쓰지 못해서 우울해진 것 같다고 털어놓았다. 친구들은 침울해진 나를 보며 안타까워했다. 그러다 한 친구가 어느 독일인이 한국어-독일어 교환 상대를 구한다고 인터넷에 글을 올렸었다며 그의 연락처를 알려주었다. 나는 그 독일인에게 곧장 연락했고 우리는 바로 약속을 잡았다.

며칠 뒤 오후, 쾰른 시내에 있는 카페에서 그 친구를 만났다. E는 말끔하고 점잖은 내 또래 남자였다. 지금만큼 외국인이 한국어를 배우던 때가 아니라 나는 E에게 한국어를 왜 배우냐고 물었다. E는 한국어를 계속 공부하고 싶어서 언어교환 친구를 찾았다고 답했다.

"어렸을 때 태권도와 무술을 배우면서 한국어에 관심을 가졌었어. 본격적으로 배우고 싶어서 이화여대 어학당에서 한국어를 공부했고."

E와 조금씩 서툰 독일어와 한국어를 주고받았다. 우리는 서로의 말을 고쳐주고 궁금한 단어나 표현을 물어보았다. 그후로 종종 E와 카페에서 두 언어를 섞어 말하는 시간을 가졌다.

한번은 그에게 한국어를 유창하게 하면서 왜 한국인 애인을 사귀지 않느냐고 물었다. 남자친구를 만나며 언어가는 나의 경험을 생각하고 말했는데, 그는 말을 잘하는 것과 잘 맞는 것은 별개라고 답했다. 좋은 사람이 있다면 만나고 싶지만 한국말을 할 줄 안다고 해서 한국인을 꼭 사귈 필요는 없다고. 나는 그의 말에 십분 동의했다. 외국어를 잘하고 싶다는 이유로, 혹은 잘한다는 이유로 사람을 만나는 것은 도덕적으로도 옳지 않다. 나와 남자친구의 만남도 내가 영어를 잘해서가 아니라 우연에 그의 노력이 더해져 시작되었으니까.

E와 나와 남자친구, 이렇게 셋이 남자친구 집에서 저녁을 먹은 적도 있다. E를 만나고 돌아온 날, 남자친구에게 새로 알게 된 독일인과 한국어-독일어를 교환하기로 했다고 자랑했더니 그가 E를 만나보고 싶다며 저녁식사에 초대했기 때문이다.

셋이 저녁을 잘 먹고 남자친구가 나를 집에 데려다주면서 오늘부터 당장 한국어를 배우겠다고 당차게 선언했다. 저녁식사 동안 그가 전혀 알아듣지 못하는 한국어로 내가 E와 이야기하고 웃고 장난치는 모습에 질투가 났던 모양이다. 남자친구는 나에게 한국어를 가르쳐달라고 떼까지 썼다. 무뚝뚝하고 애정 표현도 안 하는 독일 남자친구가 질투도 다 하고 귀여운 구석이 있네, 웃음이 절로 나왔다. 그후로 그는 종종 쉬운 단어들 위주로 한국말을 알려달라고 했다. 오로지 나를 위해서 독일에서 쓸 일도 없는 한국어를 배우는 모습에서 나에 대한 존중과 사랑이 느껴졌다.

하지만 공허함은 해결되지 않았다. 아무리 E와 한국어로 이야기해도, 남자친구에게 한국어를 가르쳐주어도 공허함은 그대로였다. 그 둘에게 한국어는 모국어가 아니기 때문에 그들과 제대로 대화하는 것 같지 않았다. 파리에서 10년간 지내면서 나는 외로움을 크게 느끼지 않는 사람이라고 생각했는데 스스로를 잘 모르고 있었다. '타지에 혼자 동떨어져 있다'는 감각이 내 안에 계속 존재하고 있었다. 파리에서는 수업에, 공연에, 시험 준비에 정신이 없어서 몰랐을 뿐이다. 내 옆에 한국인 언니들도 있었고.

한국어에는 한국의 문화, 정치, 역사뿐만 아니라 한국인만의 정서와 감수성이 녹아들어 있다. 독일에서는 그 그리운 감정들을 채울 수 없었다.

수술대에 눕다

독일로 이사한 지 3개월 지났을 즈음 갑자기 가슴이 아파왔다. 생리증후군이라고 여기기에는 통증이 평소보다 심했다. 독일에 정착하기 위해 은행, 보험, 비자 등 행정을 혼자 처리하면서 스트레스를 받은 탓에 몸이 아픈 듯했다. 예약을 잡으려고 병원에 전화를 돌리는데 내 주치의가 따로 없다보니 당장 예약되는 곳이 없었다. 독일에서는 주치의제도에 따라 자신이 지정한 주치의에게 1차 진료를 받아야 전문의를 방문할 수 있다. 그래서 주치의가 없는 경우, 병원 예약이 쉽지 않다. 약국에서 사 온 진통제로는 통증이 가라앉을 것 같지 않았다. 어떻게 해야 할지 모르겠어서 남자친구에게 전화를 걸었다. 아파서 죽을 것 같다고 하자, 그는 지금 주치의를 구할 시간이 없다며 일 끝나면 병원으로 갈 테니 얼른 응급실에 가라고 했다.

혼자 집 근처 가톨릭 병원 응급실을 찾아갔다. 간호사는 1층 로비에서 접수하라고 알려주었다. 접수처에 독일 체류증과 학생 의료보험카드를 내고 증상을 말하자 직원은 산부인과에 가라고 안내했다. 가슴이 아픈데 산부인과를 가라고? 괜스레 더 겁이 났다. 알고 보니 유방외과에서 가슴을 진료하는 한국과 달리 독일은 산부인과에서 모든 여성질환을 진료하고 있었다.

큰 문제가 생겼을까봐 덜덜 떨면서 산부인과에 갔더니 지금 출산 중인 산모의 아기가 태어날 때까지 대기하란다. 나는 곧장 두 손을 모으고 '아기야, 제발 빨리 나와. 나 좀 살려줘' 하고 기도했다. 세 시간쯤 지났을까, 아기 울음소리가 들렸다. 나는 밤 열 시가 다 되어서야 진료실에 들어갔다.

지친 기색이 역력한 의사에게 내 증상을 자세히 설명했다. 의사는 잠자코 듣다가 갑자기 "고통 잘 참나요?"라고 물었다. 내가 "꽤 잘 참는 편인 것 같아요"라고 답하기 무섭게 의사는 길이가 30센티미터쯤 되는 두꺼운 주사 바늘로 내 가슴을 찔렀다. 무시무시한 바늘이 가슴을 통과하자 피가 줄줄 쏟아졌다. 왜 강한 척했을까 후회됐다. 유방이 인간의 몸에서 고통을 가장 세게 느끼는 부위라는 사실을 미처 몰랐다. 그래도 피를 한번 뽑으니 통증은 한결 나아졌다. 의사는 바늘을 꽂은 부위를 잘 소독해주고는 유방에 염증이 생겼다며 당장 입원해야 한다고 말했다. 그녀는 내일 아침에 수술을 담당하는 의사를 만날 거라며 병실까지 나를 데려다주었다.

병실은 2인실로 비즈니스호텔처럼 깔끔했다. 내 옆자리에는 카리스마가 장난 아닌 언니가 앉아 있었다. 병실 룸메이트 언니와 인사하고 남자친구에게 전화를 했다. 지금 바로 병원에 오겠다는 그를 말리고 내일 우리집에서 필요한 물건들을 가져다달라고 부탁했다.

환자복으로 갈아입고 침대에 누워 항생제 링거를 맞았다. 약이 들어가는 동안 어학원에서 배운 독일어로 병실 룸메이트 언니에게 말을 걸었다. 어디가 아픈지, 병원에 얼마나 있었는지, 병실에서 뭐 하고 지내는지 떠듬떠듬 물어봤다. 내가 독일어 초보라는 것을 눈치챘는지 언니는 양쪽 가슴을 들어내는 수술을 해서 완전히 회복될 때까지 입원해야 한다고 영어로 대답해주었다. 그후로 우리 둘은 독일어와 영어를 섞어가며 시간 가는 줄 모르고 떠들었다.

다음 날 아침, 간호사가 수액을 교체하면서 열 시에 담당 의사에게 진료받을 거라고 알려주었다. 남자친구에게 그 시간에 맞춰 병원에 오라고 했다. 그는 진료 십 분 전에 와서 내가 부탁한 짐을 내려놓고는 나와 같이 진료실에 들어갔다. 담당 의사와 남자친구는 독일어로 심각하게 대화를 나눴다. 나는 한마디도 알아듣지 못하고 둘을 멀뚱멀뚱 쳐다봤다. 진료실을 나오자마자 유방 염증이 정확히 어떠하냐고, 수술하고 얼마나 입원해야 하냐고 남자친구에게 물어보려 했는데 갑자기 그가 화를 냈다. "요즘 날씨도 추운데 춥게 다니지 말랬지? 멋 내겠다고 얇게 입고 하루종일 밖에 돌아다니니까 아픈 거잖아! 너 수술하고 보름 동안이나 입원해야 한대. 나 매일 안 올 거야. 그러니까 병원에서 시키는 대로 하고 잘 먹고 잘 쉬어."

건조하고 말 없는 사람이 미간을 찌푸리며 잔소리를 늘어놓으니 깜짝 놀랐다. 그는 딸을 걱정하는 아빠처럼 병원 밥을 잘 먹고 있냐고도 물었다. 눈앞에 있는 사람이 다른 사람인가 싶어서 얼굴을 봤는데 남자친구가 맞긴 맞았다. 이번 기회에 투정 좀 부려볼까 하고 나는 병원 밥이 별로라고 투덜거렸다. 마르고 퍽퍽한 빵, 요구르트, 버터 같은 것만 주고 과일도 없다고, 프랑스 소시지가 너무 먹고 싶다고. 그는 내 불평을 다 들어주더니 출근해야 한다며 내게 인사하고 병실을 나섰다.

안 오겠다던 남자친구는 그날 오후에 짐을 한아름 안고 찾아왔다. 가방을 열어보니 딸기, 블루베리, 사과 등 과일잼 대여섯 병과 소시지, 럭셔리 패션 여성잡지 두세 권이 있었다. 그가 내 말을 한 귀로 듣고 한 귀로 흘리는 줄 알았는데 귀담아듣고 있었나보다. 두꺼운 수면양말도 내 발에 신겨주었다. 병실이 추우니까 신고 있으라면서. 맨발에 슬리퍼를 신던 내 모습을 유심히 봤던 모양이다. 행동파답게 하나부터 열까지 나를 챙겨주는 사람을 보니 나는 기분이 좋아졌지만 괜스레 더 툴툴댔다. 과일잼을 왜 이렇게 많이 사 왔냐고. 그는 여기서는 과일을 깎아 먹을 수 없으니까 잼으로 버티라고, 보름 동안 잡지 보면서 독일어나 실컷 공부하라고 했다. 짐 가방 한구석에 귀여운 곰인형도 하나 들어 있었다. 몇 시간 전에는 나를 보러 오지 않겠다고 투덜대더니 인형까지 알뜰살뜰 챙겨 왔다. 룸메이트 언니가 쉬는 데 방해될까봐 1층 카페테리아에서 삼십 분 정도 수다를 떨다가 남자친구를 집에 보냈다. 보름 동안 그는 매일 아침저녁으로 병원에 왔다 가곤 했다.

입원 이틀 차 저녁에는 병원에서 준 빵에 딸기잼과 버터를 발라 먹고 잠시 쉬었다. 언니 애인이 면회를 왔길래 눈치껏 방에서 나와 병원을 돌아다녔다. 복도 벤치에 혼자 앉아 있는데 어떤 여성분이 오더니 말을 걸었다. 그녀는 터키에서 독일로 이민을 왔다며 자기 소개를 하더니 "어디가 아파서 왔니? 왜 혼자 있어? 여기 가족은 없니?"라며 따뜻하게 물었다. 내가 증상을 알려주고 독일에는 남자친구 말고 아는 사람이 없다고 하자 아픈데 가족이 없어서 어떡하냐며 언제든 자기 병실에 놀러오라고 했다. 정 많은 이웃집 아주머니처럼 푸근한 사람이었다. 나도 언니에게 어떤 병으로 입원 중이냐고 물었다. 언니는 독일에서 태어나 결혼해서 딸 셋을 낳고 키우며 열심히 일했는데 남편이 다른 여자와 바람이 나서 이혼을 하자마자 유방암에 걸린 것을 알았다고 했다. 그래도 초기에 암을 발견해서 수술을 잘 마쳤고 이제 괜찮다고 했다. 언니는 퇴원하고 자기 집에서 밥 먹고 가라며 내 손을 꼭 잡아주었다. 오늘부터 내 동생 하라면서. 그렇게 병원에서 의자매를 맺게 되었다.

그다음 날 아침에 일어나자마자 터키 언니 병실로 달려갔다. 언니는 6인실에서 독일 할머니와 아주머니 다섯 분과 함께 지내고 있었다. 가뜩이나 우중충하고 쓸쓸한 늦가을에 아픈 사람들끼리 모여 있으니 언니네 병실은 더 어두웠다.

나는 "구텐 모르겐(guten morgen, 안녕하세요)!" 하고 활짝 웃으며 병실 문을 열었다. 언니는 다른 환자들에게 새로 생긴 한국인 여동생이라며 나를 소개했다. 나는 매일 언니네 병실에 놀러갔고 언니는 그런 나를 꼭 안아주었다. 그길로 나는 '햇살'로 불렸다. 입꼬리를 한껏 올리고 살갑게 인사하는 내 모습이 아침에 뜨는 해 같다나. 터키 언니가 다른 환자들이 나를 정말 좋아한다고, 나를 보며 다들 기운을 차린다는 말을 전해주었다.

내 병실로 돌아와 룸메이트 언니에게 병원 사람들이 나를 햇살이라 부른다고 자랑했다. 언니는 그 별명이 내게 잘 어울린다고 맞장구쳤다. "그 별명 딱이네. 내가 하루종일 혼자 이 병실에 있으면서 우울했었거든. 그런데 네가 여기 오고 나서 기분이 정말 좋아졌어. 너랑 있으면 웃게 되더라."

강렬한 첫인상과 달리 언니는 마음이 여린 사람이었다. 늘 나를 배려하는 말투로 조심스럽게 말을 걸었다. 한마디 한마디에 신중한 성격이랄까. 매일 아침 그녀는 신문을 읽으며 오늘은 무슨 이슈가 있는지 내게 영어로 설명해주기까지 했다. 전쟁과 사회문제를 마치 자신의 일인 양 마음 아파하고 안타까워하는 등 감수성이 풍부했다.

매일같이 붙어 있다보니 언니와 금세 친해졌다. 침대에

누워 함께 뉴스를 보고 나는 한국 이야기를, 언니는 독일 이야기를 들려주었다. 내 남자친구가 오면 셋이서 독일어로 대화했다.

병원에 온 지 열흘째 되는 날, 드디어 수술 날짜가 잡혔다. 의사는 수술 전에 확인할 사항이 있다며 하나씩 영어로 물어보았다. 마취 및 수술 경험, 알레르기 유무 등 질문이 서른 개는 되었다.

수술 당일, 전신마취를 한지라 수술실에 들어간 기억만 있다. 눈을 떴을 땐 이미 회복실에 누워 있었다. 의사는 수술이 잘 끝났다며 사흘 뒤에 퇴원하라고 말했다. 3개월마다 자기가 운영하는 개인 병원으로 정기검진을 받으러 오라고도 일러주었다. 세 달에 한 번씩 병원에 갈 때마다 의사는 정말 편히 대해주었다. 그는 염증도 없고 수술 부위도 잘 아물었다며 네 몸은 네가 사랑해줘야 한다고 조언했다. 정기검진도 꾸준히 와야 한다고.

퇴원하는 날, 룸메이트 언니, 터키 언니와 언니네 병실 환자들과 작별 인사를 나눴다. 나는 한 명 한 명 손을 꼭 잡고 잘 지내시라고 당부했다. 다들 나보다 증세도 심하고 병이 위중하면서도 가족도 없이 먼 나라에서 혼자 수술받느라 고생했다고 내 퇴원을 축하해주었다. 룸메이트와 터키 언니에게는 꼭 다시 만나자고 약속했다.

다행히 얼마 지나지 않아 우리 셋은 건강한 모습으로 만났다. 언니들은 나를 보자마자 반갑게 안아주었다. 밖에서 보니 그녀들은 더 환하고 아름다웠다. 퇴원을 기념하며 시내 카페에서 실컷 수다를 떨었다. 내가 그녀들과 눈을 마주칠 때마다 막냇동생을 보는 양 내게 흐뭇한 미소를 지어주었다. 나이 차이가 꽤 되었으니 그녀들 눈에는 젊고 에너지 넘치는 내가 그 자체로 빛나고 예뻐 보였던 것 같다.

타지에서 혼자 아프면 그렇게 서럽다는데 나는 입원하는 동안 한 번도 슬픈 감정이 들지 않았다. 애초에 혼자인 적도 없었다. 아침에는 터키 언니네 병실에서 굿모닝 인사하고, 오전 즈음 출근하기 전에 들른 남자친구를 보고, 낮 동안 룸메이트 언니와 재잘거리다가 퇴근한 남자친구와 저녁을 보내다보면 하루가 금방 지나갔다. 잠자는 시간 빼고 온종일 사람들과 붙어 있으며 에너지를 주고받았다. 염증 때문에 고생했지만 그 덕에 좋은 사람들을 만날 수 있었다. 그들은 나를 햇살이라고 불렀지만 오히려 그들이 내게 햇살 같은 존재였다. 온정 가득한 보름이었다.

**고약하고
유치한
애정**

　　　　　　　　　　　　불같이 싸우던 때가 까마득할 정도로 쾰른에 오고서는 남자친구와 다투는 일이 없었다. 내가 그에게 무언가 부탁하면 단번에 알겠다고 한 적은 없지만 늘 노력해보겠다고 했다. 예스맨은 아니었지만 노(no)맨도 아니었다. 그러니 딱히 그에게 불만을 가지거나 섭섭할 이유가 없었다. 각자의 일과 삶에 충실하며 서로를 생각하는 독립적이면서도 연결된 연애를 이어갔다.

　남자친구 집에서 TV를 보는데 영화 〈사랑과 영혼〉이 나오고 있었다. 나는 간만에 멜로영화나 보면서 오후를 보내자고 했다. 그의 다리에 내 두 다리를 올려놓고 편하게 소파에 앉아 같이 영화를 보다가 내가 그에게 물었다.

"너, 저거 보고 뭐 느끼는 것 없어? 평소에 애정 표현도 안 하고 사랑한다고도 말 안 했으니까 남자가 죽어서도 후회하잖아. 오죽 미련이 남았으면 유령이 되어 애인 곁에 머물겠어. 내일 갑자기 내가 죽으면 너도 나한테 사랑한다고 말 안 한 걸 후회할걸?"

"네가 죽긴 왜 죽어? 내가 옆에서 너를 딱 지키고 있는데. 그리고 사랑한다는 말이 그렇게 중요해? 말일 뿐이잖아. 너에게 사랑한다고 했던 전 남자친구들 지금 다 어디 있어? 아마 지금도 다른 여자 옆에서 사랑한다고 속삭이고 있을걸. 나는 네 옆에 찰싹 붙어 있잖아."

그길로 나는 미련을 버렸다. 사실 그가 틀린 말을 하진 않았다. 사랑한다는 말만 안 할 뿐 그의 행동에서 사랑이 드러났으니까. 연애가 안정기에 접어들면서 그는 자상해졌다. 스테이크와 소시지, 채소 등 가니시를 직접 구워 내 입에 넣어주었다. 날씨가 좋을 때는 테라스에 선베드와 라탄 소파를 가져다놓고 야외용 테이블에 고기 요리나 과일 같은 간식거리를 올려주었다. 주말에는 종종 벨기에, 네덜란드, 스위스에 데리고 갔다. 그는 비싸고 고급스러운 현지 레스토랑을 예약해놓고 당일 아침에 목적지를 내게 알려주었다. 나름의 서프라이즈 이벤트에 나는 뛸 듯이 기뻐하며 그의 차에 올라탔다. 국경을 넘느라 피곤할 법도 한데 그는 전혀 티를 내지 않았다. 널 위해 돈을 이만큼 썼다며 생색내지도 않았다. 내가 가끔 컨디션이 좋지 않아 못 만나겠다고 하면 초콜릿과 아이스크림을 냉장고에 가득 넣어놓고 갔다.

그와 함께하는 모든 날이 이벤트 같았다. 사실 남자친구는 연애 초반부터 기념일을 챙기지 말자고 못박았다. 그 기념일에는 생일도 포함되었다. 나는 밸런타인데이, 연애 1주년 같은 날들에 연연하는 편은 아니지만 내 생일도 신경쓰지 않겠다는 말은 서운하게 들렸다. 독일에서 나고 자란 그에게는 나 말고도 챙겨줄 사람이 많겠지만, 나는 이곳에 가족도 친구도 없고 그가 유일한데. 하지만 기념일은 없다는 말이 무색하게도 그는 항상 나를 생각했다. 내가 무얼 좋아하고 무얼 싫어하는지 속속들이 알고 있었다.

만나는 기간과 신뢰가 쌓여갈수록 우리는 스스럼없이 장난도 걸었다. 초등학교 때부터 붙어다닌 단짝처럼 실없는 농담을 주고받았다. 내가 무슨 농이라도 던지면 그는 빵 터졌다. 개그도 진지하게 친다는 재미없는 독일인에게 내 유머가 먹혀들었던 셈이다. 그는 말보다는 몸으로 웃겼다. 서로가 서로에게 개그맨이 되었다.

그는 TV 공중파에서 방영하는 2차 세계대전이나 히틀러 다큐멘터리를 열심히 보는 편이었다. 그날도 어김없이 뚫어져라 TV를 보고 있는 그에게 말을 걸었다. 나는 독일어를 잘 못 알아들으니까 그만 채널을 돌리자는 뜻이었다.

"독일인들은 어릴 때부터 세계대전에 대해 세세히 공부하더라. 성인이 되어서도 계속 관심을 가지는 것 같고. 정부에서 충분히 반성하고 사죄도 했잖아. 그런데 너는 히틀러 다큐멘터리를 왜 이렇게 열심히 봐? 이미 다 아는 내용이지 않아?"

"그래도 봐야지. 제대로 알고 반성해야 비극적인 역사가 반복되지 않지."

잘못된 과거를 잊지 않겠다는 뜻이군 하고 고개를 끄덕이는데 그가 내 쪽으로 엉덩이를 올리고 방귀를 뀐다. 일부러 나한테 몸을 돌리는 모습에 어이가 없었다.

"이 고약한 냄새 뭐야! 네 독가스 때문에 나 방금 죽을 뻔했어. 히틀러가 여기 있었네. 반성한다며. 밖에 나가서 한 시간 동안 반성하고 와!"

장난 30퍼센트에 진심 70퍼센트를 담아 놀렸더니 그가 바로 맞받아쳤다.

"아임 유어 데블. 아임 유어 히틀러."

우리는 진지할 땐 한없이 진지하고 장난칠 땐 서로가 광대가 되어 한없이 웃겼다.

독일에서
만난 진짜
보수

독일 남자친구는 'CDU(독일 기독교민주연합)' 지지자인 우파였고, 나는 중도와 진보 사이에서 갈팡질팡하고 있었다.

메르켈 총리가 집권할 당시, 독일 정부에서 시리아 난민들을 적극적으로 받아주겠다고 발표했을 때 다른 유럽 국가들은 이미 나라에 이민자와 난민이 많은데 시리아 난민도 받아야 하냐고 우려의 목소리를 냈다.

독일 정부의 발표로 한창 시끄럽던 어느 날, 독일 남자친구 집에서 뉴스를 보다가 조용히 물어보았다. 독일인은 프랑스인과 다르게 정치 성향을 거의 드러내지 않기에 왠지 단둘이 있을 때 은밀히 물어야 할 것 같았다.

"네가 좋아하는 메르켈 총리가 난민 다 받아주겠다는데, 너 솔직히 말해봐. 독일에 난민들 오는 거 싫지? 나 정말 아무한테도 말 안 할게. 다 이해하니까 나한테는 솔직하게 말해도 돼."

그랬더니 남자친구가 놀란 고양이 눈으로 나를 바라보며 "난 한 번도 싫다고 생각한 적 없는데?"라고 답했다.

"치, 거짓말하지 말고. 나한테는 솔직히 말해도 된다고! 진보에 가까운 나도 솔직히 난민들 오는 게 조금 걱정되는데 네가 아무렇지 않다고? 솔직히 말해봐. 비밀 지켜줄게."

"독일 정부는 그 사람들을 충분히 받아들일 수 있어. 그리고 지금 이 나라도 출산율이 떨어지는 데다 인구도 줄고 있어서 노동 인력이 많이 필요해. 그런 상황인데 전쟁 중에 오갈 곳 없는 난민들을 안 받아들일 이유는 없잖아. 그들을 받아주는 게 도대체 뭐가 문제라는 거야? 어차피 모두에게 좋은 일이잖아. 난 메르켈 결정이 옳았다고 생각해."

그는 보수를 지지했지만 이념보다는 사람을 더 중시했고, 반대로 나는 독일에서 난민과 같은 이방인으로 살면서도, 스스로 진보를 지향한다고 생각하면서도 그 결정을 마냥 반기지 못했다. 그는 보수여도 나보다 훨씬 더 진보적인 이상을 실천하려 했고, 나는 진보라면서 정작 현실 앞에서는 보수적이었다.

다들 나처럼 한 번쯤 자기 정치 성향과 현실적인 상황이 부딪치는 일을 겪지 않았을까? 그런 상황들을 마주했을 때 어떤 선택을 하느냐가 정치에서 가장 중요한 것 같다. 결국에는 남자친구와 이야기를 나눈 것처럼 좌우 입장을 떠나서 최선의 길을 찾는 것이 정치의 목적이 아닐까 싶다.

**나의
두번째
　　　부모님**

　　　　　　　　　내가 쾰른으로 이사간 후 남자친구는 부모님 집에 갈 때마다 나를 데려갔다. 남자친구 부모님은 쾰른에서 차로 사십 분쯤 떨어진 곳에 사셨다. 부모님은 처음 만난 날부터 나를 예뻐해주셨다. 독일어는 우리 사이에 장벽이 되지 않았다. 부모님은 독일어와 서툰 영어를, 나는 영어와 서툰 독일어를 섞어가며 이야기했기 때문이다. 어머니는 너의 본가에서처럼 편히 있으라고 매번 말씀해주셨다.

　독일에 온 지 3-4개월쯤 된 어느 주말 남자친구와 쾰른 외곽으로 향했다. 몇 번 와봤다고 편해져서 나는 부모님 집

구석구석을 돌아다녔다. 고풍스러운 인테리어와 푸릇푸릇한 정원을 구경하고 주방을 돌아보는데 장식장이 눈에 띄었다. 그 안에는 오래됐지만 우아하고 고급스러운 찻잔과 도자기 세트가 가득 들어 있었다. 빈티지스러움에 감탄하며 눈을 떼지 못하는 내게 어머니가 다가오셨다.

"마음에 들어? 내가 결혼할 때 친정어머니가 혼수로 주신 도자기야. 24캐럿으로 만들어진 금장이지. 이 도자기를 장식장에만 두고 한 번도 사용하지 않았어. 제작된 지 100년도 훨씬 넘었을걸. 네가 갖고 싶은 물건이 있으면 다 가져가렴."

나는 화들짝 놀라며 귀한 물건을 들고 갈 수 없다고, 마음만 감사히 받겠다고 말씀드렸다. 그러자 남자친구는 어머니가 농담하는 게 아니라며 가져가라고 부추겼다.

"엄마가 주는 건 다 챙겨도 돼. 우리집에 이런 물건들 되게 많아. 너 앤티크 식기 좋아하잖아. 누구에게 선물하든지 네가 쓰든지 마음대로 해."

이에 질세라 어머니는 장식장 서랍에서 접시와 수저, 찻잔들을 꺼내 보여주셨다. 100년도 더 된 은수저들, 아기자기한 디너 접시 등 오페라 공연에서나 볼 법한 식기들이 잔뜩 있었다. 장인의 정성과 디테일이 느껴졌다.

남자친구는 차를 끌고 온 김에 갖고 싶은 물건들을 얼른 챙기라고 말했다. 지금이 기회라면서. 나는 입이 귀에 걸린 줄도 모르고 활짝 웃으며 내 취향인 그릇과 수저, 찻잔을 골랐다. 마음 같아서는 장식장을 통째로 집에 가져오고 싶었다. 어머니는 식기가 깨지지 않도록 하나하나 신문지로 싸서 큰 천 가방에 담아주셨다.

"네가 이렇게 앤티크를 좋아할 줄 몰랐네. 다음에 오면 창고에 있는 다른 도자기도 보여줄게."

어머니가 미소가 끊이질 않는 내 얼굴을 보셨나보다. 남자친구는 어머니와 내가 싼 짐을 보더니 어이없다는 듯 피식 웃었다. "참 많이도 챙겼네." 퉁명스럽게 말하면서도 그는 짐을 전부 차에 실어주었다.

그날 저녁도 남자친구 부모님이 독일 가정식을 만들어주셨다. 두 분은 늘 저녁식사를 미리 준비해놓으셨는데 식탁에는 항상 아버지표 소고기수프가 올라갔다. 내가 엄마가 만든 소고기뭇국과 맛이 똑같다며 맛있게 먹던 모습을 아버지는 계속 기억해주셨다.

빵빵해진 배를 두드리며 쾰른으로 돌아왔다. 남자친구는 집에 물건들을 내려주고 돌아갔다. 나는 들뜬 기분을 조금 가라앉히고 바닥에 식기를 조심스레 펼쳐놓았다. 마른행주로 식기를 닦다가 혼자 보기 아깝다는 생각이 들었다. 휴대폰으로 사진을 찍어 내 개인 SNS에 올렸는데 몇 시간 후 파는 거냐는 댓글이 달렸다. 내 안목은 틀리지 않았다고 뿌듯해하며 어떤 사람이 물건을 파는지 물었다고 남자친구에게 자랑했다. 그러자 그는 팔고 싶으면 팔아도 된다고 했다. 엄마가 너에게 주셨으니 이제는 네 소유라고, 네가 원하는 대로 하라고.

나는 찍어놓은 사진들을 SNS에 죄다 올렸다. 사람들이 곧장 반응할 만큼 비싼 물건인가 하며 찻잔 바닥과 접시 뒷면을 확인했는데…… 이게 웬걸, '마이센' '후첸로이터' '로젠탈' '빌레로이앤보흐' 등 독일 명품 도자기 브랜드명이 적혀 있었다. 어머니는 값나가는 물건들을 아무렇지 않게 선물해주신 거였다.

SNS에 올린 물건들은 일주일 만에 매진되었다. 팔리지 않는 식기는 내가 소장하려 했는데 순식간에 다 팔릴 줄이야. 어떤 브랜드라는 설명 없이 사진 아래에 가격만 적었는데도 브랜드를 알아볼 만큼 구매자들도 안목이 높았다. 게시물 맨 앞에 '마감'이라고 써두었는데도 다른 물건은 더 없느냐는 문의가 이어졌다.

어머니가 챙겨주신 물건을 모조리 팔아버린 것에 죄송한

마음이 들어 남자친구에게 사실을 털어놓았다. 그는 괜찮다며 얼마 벌었냐고 물었다. 대충 합한 금액을 보여줬더니 그가 나에게 장하다고 칭찬을 했다.

"내 여자친구 대단하다. 천재 아니야? 독일어도 못하고, 아직 노동 비자도 없어서 일도 못 하는데 알아서 척척 돈을 벌잖아. 네가 독일에 사는 외국인 중에서 가장 똑똑할걸. 천재야, 천재."

덩달아 기분이 좋아졌다. 어머니께 수익을 조금 드리고 싶다고 말하자 그는 절대 그러지 말라고 당부했다. 어머니는 꽃다발 하나로도 충분히 기뻐하실 거라며 오히려 돈을 드리는 건 예의가 아니라고 했다.

그후 부모님 댁에 갔을 때 어머니께 꽃다발을 드렸다. 어머니는 꽃보다 더 고운 미소로 나를 반겨주셨다. 남자친구는 싱글벙글 웃으며 내가 앤티크로 돈을 얼마나 벌었는지 자랑하더니 마음에 드는 물건이 있으면 더 가져가서 팔아도 된다고 부추겼다. 어머니는 준다고 하시지도 않았는데 말이다.

신이 난 남자친구의 말을 듣고 어머니는 나를 창고에 데려가셨다. 문이 딱 열리는데 나는 무슨 보물 창고에 온 줄 알았다. 금장이며 은으로 반짝이는 식기에 섬세한 장식이 들어간 접시며 크리스털 와인잔까지, 켜켜이 쌓인 먼지를 털어내지 않아도, 앤티크를 잘 모르는 내가 봐도 값비싼 골동품들이 한가득이었다. 그날도 이것저것 챙겨 온 물건들을 SNS에 올렸는데 역시나 며칠 만에 다 팔렸다. 내가 마음속으로 찜해두었던 접시들까지 싹 다.

몇 주 뒤, 남자친구가 우리집에 박스 몇 개를 들고 왔다. 낮에 부모님 집에 잠깐 들렀었는데 나를 주려고 창고에서 꺼내왔단다. 그는 나보다 더 물건을 파는 데 재미를 느끼고 있었다. 그후로도 내가 부탁하지도 않았는데 그는 본가에 갈 때마다 앤티크 식기뿐만 아니라 장 발장이 훔쳤을 법한 촛대, 빈티지 랜턴, 옥빛 유리 화병…… 괜찮아 보이는 물건들을 모조리 쓸어 왔다. 부모님 집에 남은 물건이 있을까 싶을 정도였다. 아주 도둑이 따로 없었다.

내가 앤티크를 좋아한다는 이유만으로 물건을 가져다주는 남자친구가 고마워서 그에게 수익 일부를 보내겠다고 했다. 그는 무뚝뚝한 표정으로 네가 팔았으니까 네 돈이라며 한사코 거부했다. 그는 내가 앤티크를 공부하고 싶으면 지원해주겠다고 말했다. 하지만 앤티크는 나의 소소한 취미일 뿐이었다. 잠시나마 생활을 안정적으로 만들어주는 취미.

몇 주 뒤 주말, 남자친구와 차를 타고 외곽에 나갔다. 목적지는 그의 부모님 댁, 그냥 심심해서 놀러갔다. 그날도 영어와 독일어를 섞어가며 어머니와 수다를 떨었다. 그 모습을 보더니 남자친구는 나더러 이 집에 살라고 농담을 던졌다. 그 말에 어머니와 나는 둘 다 빵 터졌다.

그간의 안부를 묻고 시시콜콜한 이야기를 주고받다가 나는 두 분의 러브스토리를 여쭤보았다. 나이가 들어서도 손을 잡고 장을 보러 다니고, 산책도 자주 나가고, 정원도 함께 가꾸는 두 분이 어떻게 만나셨는지 궁금했기 때문이다. 그러자 어머니는 아기에게 말하듯 독일어로 천천히 이야기를 들려주셨다.

"우리는 같은 동네에 살다가 스무 살에 만났어. 어린 나이에 사랑에 빠졌지. 일찌감치 만나서 결혼하던 때였으니까. 우리는 결혼해서 두 아이를 낳았어. 그리고 이 집은 우리가 평생 살아온 집이야. 2층에 올라가면 네 남자친구가 어렸을 때 가지고 놀던 장난감과 입던 옷까지 그대로 있단다."

그러고는 나를 2층으로 데리고 올라가셨다. 오랫동안 비워두었는지 방문을 열자 먼지가 풀풀 날렸다. 방 한 편에 입으로 물고 빨았을 조그마한 장난감과 인형들이 놓여 있었다. 어머니는 두 아이의 물건을 하나도 버리지 않고 간직하셨다. 물건보다는 아이들을 키운 세월을 보관하셨을 테다. 그 시절을 혼자 상상하고 있는데 어머니가 앨범을 가져오셨다.

앨범 속에는 남자친구와 완전히 다른 사람이 있었다. 남자친구는 초록색과 밝은 갈색이 섞인 눈동자에 갈색 곱슬머리를 가졌는데, 사진에는 파란 눈에 금발을 한 떡두꺼비 같은 아이가 앉아 있었다. 나는 "이 귀여운 아기는 어디 있어요?"라고 물었고 어머니는 호탕하게 웃으셨다. "어렸을 때는 나를 닮아서 금발에 눈도 파랗더니 크면서 머리카락도 눈도 색이 달라지더라고."

지금은 인형 같은 모습이 사라져서 조금 아쉬웠다. 어머니는 그가 어릴 때 입었던 옷도 꺼내어 보여주셨다. 오랜 세월이 지났지만 여전히 귀엽고 깜찍한 아이 옷을 보여주며 즐거워하시는 모습이 이십대 아기 엄마 얼굴을 떠올리게 했다.

남자친구 부모님은 마치 독일에 계신 내 부모님 같았다. 두번째 부모님이랄까. 독일인은 다 무뚝뚝하다는 편견이 깨질 만큼 두 분은 한결같이 나를 위해주셨다. 집에 올 때마다 독일어가 는다고 칭찬해주시고, 뜨끈한 밥을 해주시고, 집에 갈 때는 과일이며 어머니표 수제 잼과 견과류 등 음식을 한아름 싸주셨다. 내가 집안을 거덜낼 정도로 앤티크 물건들을 팔았는데도 그들은 기특하다며 나를 치켜세워주셨다. 너무 얻어먹는 것만 같아서 설거지라도 하려고 팔을 걷을라치면 아버지는 극구 손사래를 쳤다. 너는 손님이니 설거지는 내 몫이라면서.

한국이나 독일이나 사람 사는 곳에는 '정'이 있었다. 세계 어디를 가든 사람들은 소중한 사람에게 뭐든지 해주고 싶나 보다.

헛헛한 속을 채우려고

유럽에서 사는 동안 나의 행복은 무엇이었을까. 행복한 순간이야 당연히 많았지만 불안과 우울감이 나를 따라다녔다. 모국어를 쓰지 못하니 나의 정체성을 잊어버린 느낌이었다. 게다가 북한이 동해안에 미사일을 쐈다, 어느 지역에서 사고가 났다는 등 부정적인 뉴스를 접할 때마다 가슴이 주저앉았다. 특히 세월호 침몰 사고를 봤을 때는 오랫동안 충격에서 헤어나지 못했다. 이곳에서 내가 남자친구와 친구들과 아무리 잘 지낸다 한들 무슨 소용일까. 속이 늘 허했다.

여느 때처럼 소파에 앉아 독일 공중파 메인뉴스를 보고 있는데 기자가 보도를 멈추고 한국 역사상 최대 규모의 지진이 발생했다는 긴급 속보를 전했다. TV 속 한국은 상상하고 싶지 않을 정도로 처참했다. 서울 시내 건물들은 모조리 무너지고 그 옆에서 사람들은 패닉에 빠져 있었다. 그야말로 끔찍한 모습이었다. 놀란 가슴을 부여잡고 부모님께 전화를 걸었다. "지금 거신 번호는 통신 장애로 인해 연결이 불가능합니다"라는 안내 멘트만 반복될 뿐 통화 연결음으로 넘어가지 못했다. 친구들 휴대폰도 마찬가지였다. 그 누구의 목소리도 들을 수 없었다. 아무도 무사하지 않다는 신호 같았다. 집에서 전전긍긍하고 있다가는 미칠 것 같아서 곧장 프랑크푸르트공항에 달려갔다. 카운터 직원에게 가장 빠른 인천공항행 항공편을 끊어달라고 했다. 돌아온 대답은 현재 한국의 모든 공항에 착륙이 불가능하다는 것. 직원은 지진 때문에 활주로가 망가졌고 여진의 위험이 커서 한국으로 비행기를 띄울 수 없다는 말만 반복했다. 가족과 친구들의 생사조차 확인할 수 없다는 생각이 들자 다리가 풀렸다. 공항에 주저앉아 통곡하다못해 몸부림쳤다. 주변에 있던 사람들이 나를 흘끔흘끔 쳐다봤다. 여기서 나 혼자 살아남는다고 한들 내 삶이 무슨 의미가 있을까. 사랑하는 가족들과 친구들 다 잃고 내 나라도 잃은 마당에. 차라리 한국에서 생사를 함께하는 게 나았을 텐데…… 내가 할 수 있는 거라곤 자책과 후회, 스스로에 대한 원망뿐이었다.

다행히 전부 꿈이었다. 하지만 실제로 겪은 듯 너무나 생생했다. 공항 바닥에서 들었던 감정과 생각이 뇌리에서 떠나지 않았다. 오죽하면 몇 년이 지난 지금도 그 상황을 또렷이 기억할까.

주변 유학생 친구들이 가족들에게 일이 생겼다거나 갑자기 가족이 아프다는 소식을 듣고도 한국으로 바로 돌아가지 못하고, 심지어 가족의 임종을 지키지 못하는 모습을 종종 보았다. 안타까우면서도 두려웠다. 내가 저 친구처럼 될까봐, 사랑하는 사람들과 미래를 함께하지 못하게 될까봐. 은연중에 했던 생각들이 꿈에 나온 것 같았다. 나는 늘 가족과 친구들을 그리워하고 있었다. 몸은 멀리 떨어져 있지만 마음은 늘 한국에 있었다.

14년을 나와 살았다. 그간 해온 게 아까워 이곳에 계속 발붙이고 있기에는 이미 한계에 부딪혔다. 기쁨이든 슬픔이든 아픔이든 소중한 사람들과 아무것도 나누지 못한다는 생각이 들자 돌아가고 싶어졌다. 귀국하겠다는 결심은 걷잡을 수 없이 커졌다.

그길로 비행기를 탔다. 한국에 오랫동안 머물면서 지친 마음을 달래고 쉴 생각이었다. 따지자면 귀국보다는 장기휴가에 가까웠다. 괜찮아지면 다시 돌아가려 했다. 그래서 부모님과 친구들에게 줄 선물과 당장 필요한 짐만 들고 왔건만…… 시간이 지날수록 떠나고 싶지 않았다. 한국에서는 언제 어디서나 한국어를 보고 들을 수 있었다. 바스러지던 내 정체성이 분명해지는 기분이었다. 언제든 내가 소중한 사람들을 만나러 갈 수도 있었다. 한국에 무슨 일이 생길까 봐 걱정하지 않아도 되고. 무엇보다 공허하지 않았다. 그렇게 나는 한국에 완전히 눌러앉았다.

4부

내 취향의 원산지는 프랑스

"이거 어디서 샀어?" 우리집에 놀러오는 사람마다 묻는 질문이다. 대답은 하나, "프랑스"다. 내가 가진 찻잔, 접시, 촛대뿐만 아니라 내 취향과 취미까지 다 물 건너왔으니까.

프랑스에 살 때부터 나는 소품을 틈틈이 모았다. 오페라 공연을 하면서 무대 소품을 자주 접했는데 대부분 18-19세기의 화려하고 우아한 빈티지, 앤티크 소품이었다. 그 아름다움에 홀렸다 정신 차려보니 물건들을 하나둘 사들이고 있었다.

내 구매처는 '당근마켓' 같은 프랑스 중고 사이트였다. 직거래를 통해 가격을 흥정할 수 있기에 여행 책자에 나오는 시장을 갈 필요가 없었다. 누구나 아는 곳은 이미 관광지가 되어 가격이 비싸기만 하고 제대로 된 물건도 별로 없다.

나는 사이트에서 역사와 세월의 흔적이 그득한 물건을 지켜보다 마음에 드는 물건이 나타나는 즉시 판매자에게 채팅을 보냈다. 나는 물건을 언제 어디에서 얼마에 샀는지, 흠집은 없는지, 내가 어디로 찾아가면 되는지 등을 묻다가 다른 물건도 있냐는 질문도 슬며시 던졌다. 판매자가 인터넷에 올린 상품보다 더 좋은 소품을 가지고 있을 가능성이 크기 때문이다. 보통 젊은 손자들이 할머니 집 창고에 있는 물품을 내다파는지라 물건의 가치를 알아보지 못했다. 그래서 나는 창고에 더 괜찮은 앤티크가 있을 것을 노려 미끼를 던졌고 종종 미끼를 덥석 문 판매자들이 집으로 찾아오라고 했다.

한번은 프랑스 할머니가 유화 그림 한 점을 10유로에 팔겠다는 글을 올렸다. 사진 아래에는 당신이 액자를 직접 깎아 만들었고 그림에는 작가의 친필 사인까지 남아 있다는 설명이 있었다. 나는 화려한 수제 액자와 세월을 머금은 섬세한 표현들에 끌려 다른 그림이나 물건들도 더 볼 수 있느냐고 여쭤보았다. 그러자 손자처럼 보이는 사람이 할머니는 인터넷에 사진을 올릴 줄 모른다며 그림을 더 보고 싶으면 이 주소로 직접 찾아가라고 했다. 할머니 대신 손자가 판매 글도 게시하고 연락도 하는 모양이었다.

할머니 집은 파리 17구와 맞닿은 클리시 지역에 있었다. 약속 시간에 맞춰 갔더니 우아한 프랑스 할머니가 기다리고 계셨다. 나는 그 집에 홀딱 반해버렸다. 내 취향이 아닌 곳이 한 군데도 없었다. 나는 집이 너무 예뻐 구경하고 싶다고, 집에 있는 물건을 모조리 사고 싶다고 내 마음을 할머니한테 꺼내 보여드렸다. 할머니는 반짝이는 내 눈을 보며 당신이 안 쓰는 물건들을 보여줄 테니 원하면 다 사 가도 된다고 하셨다.

예쁜 리모주 커피잔부터 비싸 보이는 접시, 화려한 샹들리에와 촛대들, 루브르 박물관에 있을 법한 예사롭지 않은 그림과 액자들까지, 너무 좋아서 넋이 나갈 뻔했다.

마음 같아서는 다 싸 들고 집에 가고 싶다고 털어놓자, 할머니는 돈도 없는 학생이 무슨 수로 이 많은 물건을 살 수 있냐고 물어보셨다. 그래서 나는 한국에 계신 엄마가 빈티지 소품들을 좋아해서 귀국할 때 선물로 드리려고 조금씩 모으고 있다고 말했다. 거짓말에 진실을 살짝 보탰다. 여기서 사는 물건 90퍼센트는 내 주머니 안에 넣고 남은 물건들을 엄마한테 선물할 요량이었지만 할머니가 조금 깎아주시지 않을까 하고 효녀 이미지를 만들었다. 할머니는 내 효심에 감동하셨는지 괜찮아 보이면 다 가져가라고 하셨다. 시세보다 훨씬 저렴한 값에 말이다. 작전 대성공이다.

이날 최고의 구매는 프랑스 유명 도자기 브랜드 '베르나르도' 흰색 양각 문양의 디너 접시 세트였다. 할머니가 오래전에 장식장에 넣어두고 한 번도 사용하지 않았다는 이유로 열두 장을 20유로에 들여왔다. 할머니는 세밀한 장식에 연신 감탄하는 나를 보고 기분이 좋으셨는지 접시 한 장 한 장을 신문지로 여러 번 감싸주셨다. 액자도 가져가기 쉽게 싸주셨다.

할머니의 정성스러운 포장을 이고 지고 집에 돌아왔다. 팔이 떨어져나갈 만큼 무거웠지만 값진 보물을 발견한 듯 입꼬리가 내려가질 않았다. 합리적인 소비였다며 속으로 흥얼거렸다.

할머니한테 심어준 효녀 이미지는 현실이 되었다. 내가 가질 생각으로 냉큼 구매한 베르나르도 접시 세트가 그대로 본가에 갔기 때문이다. 지금도 엄마가 잘 쓰고 계신다.

아무튼 클리시를 다녀온 후로 나는 빈티지 보물찾기에 맛들였다. 사이트에서 친구들에게 선물할 만한 물건을 보면 바로 직거래를 하러 나갔다. 와인 바를 오픈한 친구에게는 프랑스 앤티크 액자와 화려한 촛대와 각종 소품들을, 차와 커피를 즐겨 마시는 언니들에게는 프랑스 찻잔과 접시를, 결혼을 준비하는 친구에게는 내가 가장 아끼던 찻주전자와 커피잔 세트를 택배로 보냈다. 그렇게 친구들을 향한 그리움을 소포 상자에 실어 보냈다.

친구들에게 주고 남은 물건들과 그후에 새로 발견한 것들은 한국에 다 들고 왔다. 귀국 며칠 전, 두꺼운 수건과 옷에 소품들을 넣고 돌돌 말아 캐리어에 빈틈없이 포개었다. 아무리 캐리어를 던져도 깨지지 않도록. 그 덕에 장식품들은 무사히 한국 땅을 밟을 수 있었다. 그때 가져온 물건 몇 개는 부모님과 친구들에게 나눠주고 남은 건 소중하게 간직하며 잘 쓰고 있다. 내가 종종 SNS에 자랑하는 빈티지 소품들은 나와 함께 귀국한 것들이다.

아직 한국에서는 내 스타일의 물품을 발견하진 못했지만 빈티지 보물찾기는 여전히 취미로 남아 있다. 프랑스인들 집, 현지인만 아는 시장, 다른 지역의 작은 벼룩시장 등 빈티지가 있는 곳엔 늘 내가 있었다. 그 추억들을 떠올리며 가끔 프랑스 중고 사이트를 탐색한다. 비행기를 타고 갈 순 없으니.

모닝커피도 프랑스에서 시작된 취미다. 나는 일어나자마자 내가 가장 좋아하는 원두를 그라인더에 곱게 간다. 그다음 간 원두를 '프렌치 프레스'라는 커피 추출 도구에 넣고 뜨거운 물을 부어 충분히 우린다. 그렇게 직접 내린 커피 향을 맡으며 마시는 한 모금으로 하루가 행복해진다.

내가 몇 년째 이어오는 모닝커피는 프랑스에서 시작되었다. 파리 카페에서 친구를 만날 때마다 나는 '카페 알롱제 *café allongé*'를 시켰다. 카페 알롱제는 긴 시간 동안 추출한 커피로, 에스프레소보다는 연하고 아메리카노보다는 진하다. 프랑스에 도착하고 처음 카페에 갔을 때 커피를 제대로 즐기는 방법이라면서 친구가 추천해준 커피였다. 친구를 믿고 조심스레 한 모금을 마셨는데 진한 맛이 서서히 옅어지면서 코끝에 퍼지는 향이 매력적이었다. 그후로 나는 카페 알롱제만 마시게 되었다.

한국에 돌아와서도 나의 카페 알롱제 사랑은 계속되었다. 독일에서 가져온 프렌치 프레스 덕분에 진한 커피를 내려 마시고 있다. 하지만 제대로 된 모닝커피를 누리기까지는 많은 우여곡절이 있었다. 내 입맛에 맞는 원두를 찾기가 어려웠기 때문이다. 나는 산미가 없는 고소한 원두를 선호하는데 그렇다고 쓴맛이나 탄맛을 좋아하지도 않는다. 그래서 시지도 쓰지도 타지도 않은 지금의 원두를 발견하기까지 꽤 오랜 시간이 걸렸다. 여러 원두를 직접 블렌딩해서 타 먹다가 '파푸아뉴기니 블루마운틴' 원두에 정착하게 되었다. 매일 마셔도 질리지 않는 원두라 떨어지지 않게끔 미리 주문해두고 있다.

파푸아뉴기니 원두를 알아낸 날부터 나의 아침은 완벽해졌다. 프렌치 프레스로 정성스레 내린 커피를 앤티크 잔에 따르면 완성이다. 가끔은 단골 빵집에서 사 온 빵이나 디저트를 곁들인다. 그러면 호텔 조식이 전혀 부럽지 않다. 스스로를 대접한다는 기분에 내 커피가 호텔 커피보다 더 맛있다는 자부심까지 든다. 자화자찬 같지만 내 커피를 마셔본 가족과 친구들에게 검증받은 사실이다. 모두들 프랜차이즈 카페도 고급스러운 호텔도 우리집 카페를 따라오지 못할 거라고 장담했다.

그들에게는 언제든 커피를 내려줄 준비가 되어 있다. 향긋하고 맛있는 커피를 나누는 시간은 늘 행복하니까.

마지막으로 꽃꽂이도 유학생 때부터 즐겼다. 프랑스를

돌아다니면 프랑스인들이 꽃을 얼마나 사랑하는지 알 수 있다. 집 안팎으로 꽃이 차고 넘치니까. 테라스 난간에 꽃바구니를 걸고 작은 정원에 꽃을 심고 식탁에 화병을 올려둔다. 시선이 가는 곳엔 무조건 꽃을 놓아야 직성이 풀리나 싶을 정도다. 과연 아름다움에 집착하는 프랑스인답다. 빨강, 분홍, 노랑, 주황 등 화려한 꽃들이 파리를 장식한다. 파리를 지저분하고 더러운 도시로 기억하는 사람도 있겠지만 나에게 파리는 꽃으로 물든 도시다.

프랑스인을 닮아가는지 나도 언젠가부터 생화를 샀다. 마음이 허전할 때, 기분이 다운될 때, 에너지를 얻고 싶을 때 나는 나에게 꽃을 선물했다. 꽃집에 들르면 언제 우울했냐는 듯 얼굴에 웃음꽃이 피었다.

꽃은 집 분위기도 단숨에 바꾸었다. 거실 한가운데 반짝이는 꽃은 집의 쓸쓸하고 외로운 기운을 씻어냈다. 외출하고 돌아오면 거실의 꽃병에 가장 먼저 시선이 갔다. 꽃 덕분에 혼자라는 생각이 들지 않았다. 사 온 꽃을 화병에 꽂다보니 꽃꽂이 실력도 자연스레 늘었다.

프랑스에서 갈고 닦은 실력은 지금도 집에서 한껏 뽐내고 있다. 단골 꽃집은 반포 꽃시장인데 꽃 종류도 다양하고 가격도 저렴하다. 그곳에서 골라온 생화로 집을 장식하고 가끔은 꽃바구니를 풍성하게 만들어 선물한다. 올해는 어버이날에 맞춰 부모님께 갖가지 장미들로 화려한 꽃바구니를 만들어드렸다. 꽃을 자주 드리는데도 부모님은 아이처럼 좋아하셨다.

누군가는 꽃 선물이 아깝다고 하지만 나는 꽃 선물을 받으면 행복해진다. 그가 나를 생각하며 꽃을 골랐을 시간이 감사하고, 내가 꽃을 볼 때마다 느낄 여유로움과 만족감을 선물받는 것 같기 때문이다. 그런 감정들에는 가격을 매길 수 없다. 그래서 나는 나를 위한 꽃, 좋아하는 사람을 위한 꽃에 아낌없이 투자한다. 꽃뿐만 아니라 그 사람을 생각하는 마음까지 선물하는 셈이니까.

프랑스에서 생긴 취향은 내 삶에 자리한다. 아침마다 신선한 원두로 커피를 내려 마시고, 가끔은 집을 꾸밀 만한 빈티지 소품들을 사거나 구경한다. 집 안 화병에 든 꽃이 시들 때나 소중한 사람에게 꽃을 선물하고 싶을 때는 다양한 꽃을 사 온다. 내가 좋아하는 것들로 하루를 채우면 나는 가장 큰 행복을 느낀다. 그 소소한 행복의 원산지는 프랑스, 현 생산지는 한국이다.

나 홀로 이태원 생활

10년도 더 지난 대학생 시절, 나는 이태원으로 초등학생 피아노 과외를 다녔다. 학생들의 집을 오가는 십 분 남짓한 시간이 좋았다. 남산 아래 한적한 주택가, 서울이 내려다보이는 언덕길, 느슨하고 여유로운 분위기, 그 동네의 자잘한 구석까지 마음에 들었다. 귀국 후 나는 그때를 기억하며 이태원에서 집을 알아보았다. 예전부터 그곳에 살고 싶었고 무엇보다 파리와 쾰른처럼 건물이 낮아 탁 트인 주택가에 확 끌렸다. 한국의 고층 빌딩과 아파트에 적응하지 못하는 나에게 그 동네만큼 잘 맞는 곳도 없었다.

한국에 돌아와 줄곧 살고 있는 이곳에는 외국인이 많이 산다. 길을 거닐다보면 독일어와 프랑스어를 심심치 않게 들을 정도다. 오며가며 만나는 외국인들과 몇 번 스몰토크를 나누다 자연스럽게 친해졌다.

이태원에서 처음 사귄 외국인은 프랑스인인 마리였다. 이태원의 한 카페에서 프랑스어로 떠드는 그녀에게 내가 슬쩍 프랑스어로 말을 붙인 게 우리의 시작이었다. 동네 언니를 만난 것처럼 어찌나 나를 반가워하던지 그날부터 우리는 동네 친구가 되었다.

그녀는 한국어학당에 다니고 한국인 남자친구도 만나고 있어서 한국어를 제법 구사했다. 그 덕에 이태원 카페에서 아르바이트를 하며 생활비를 벌었다. 나는 그녀에게 프랑스에서는 2만 원에 약간 못 미치는 시급을 받을 수 있는데 왜 1만 원도 안 되는 시급으로 일하면서 한국에 사느냐고 물었다. 마리는 해맑은 미소로 대답했다.

"돈은 별로 중요하지 않아. 서울에 사는 게 행복하고 좋으니까."

마리는 나보다 더 한국생활을 즐겼다. 그녀는 매일같이 이태원 외국인 커뮤니티에 나가 친구들과 요즘 사는 이야기를 주고받았고 종종 나를 그곳에 데리고 갔다. 처음 그녀가 내게 커뮤니티에 같이 가자고 제안했을 때 나는 외국인들끼리 만나는 모임인데 한국인은 끼지 않는 게 낫겠다고 거절했다. 마리는 그런 나를 열심히 설득했다. 너는 외모만 한국인이고 속은 프랑스 여자와 독일 여자가 반반 섞여 있으니 네가 커뮤니티에 가는 건 이상하지 않다며. 그 신뢰감 있는 말투에 홀랑 넘어가버렸다. 그렇게 마리 소개로 들어간 커뮤니티에서 다양한 외국인 친구들을 만났다.

커뮤니티 친구의 생일 파티에 초대를 받고 그의 집에 놀러간 적도 있다. 그곳에는 처음 보는 프랑스인들이 많았다. 그들은 대부분 한국으로 워킹홀리데이(워홀)를 왔거나 유학생 신분으로 한국어학당에서 공부 중이었다. 하나같이 식당이나 카페 아르바이트, 쇼핑몰 피팅 모델 또는 광고 모델을 하며 성실하게 살고 있었다. 한 명씩 돌아가며 스몰토크를 나누는데 한 프랑스인이 근심 가득한 얼굴을 하고 있었다. 나는 그에게 다가가 "왜 그렇게 슬픈 얼굴을 하고 있어?"라고 물었다. 그는 1년간 워홀 비자로 한국에서 살았지만 곧 비자가 만료되어 한국을 떠나야 한다며 울상을 지었다. 서울에서 더 지내고 싶어도 달리 방법이 없단다. "그럼 한국인 여자친구를 만나 결혼하면 되잖아" 하고 장난삼아 위로를 건네긴 했으나 내 말은 농담보다는 사실에 가까웠다. 한국인과의 결혼 말고는 한국에서 합법적으로 체류하기 어렵기 때문이다. 그 사실을 아는지 그는 씁쓸한 미소를 지어 보였다.

그처럼 한국에 온 프랑스 친구들 대부분이 한국생활에 어려움을 겪었다. 우선 학비가 만만치 않았다. 한국어학당은 한 학기에 평균 130-200만 원, 한국 대학교의 유학생 등록금은 전공마다 상이하지만 어림잡아 한 학기에 평균 300-500만 원. 당시 공교육 정책으로 비유럽권 유학생 학비도 1년에 130만 원 안팎이던 프랑스와는 천지 차이였다. 배로 비싼 학비는 프랑스인에게 큰 부담이었을 테다. 그래서 워홀을 선택한 친구들이 많았다. 하지만 워홀 비자 기간은 1년 남짓이고 비자 연장도 쉽지 않았다. 결국 워홀로 한국에 온 친구들은 울며 겨자 먹기로 비싼 한국어학당에 등록해야 했다. 학생 비자를 받아 2-3년간 더 머무르기 위한 유일한 선택지였기 때문이다.

마리도 어학당에서 공부를 마치고 비자 만료 시기에 맞춰 프랑스로 돌아갔다. 그녀는 한국에 조금이라도 더 머물기 위해 대마도까지 다녀왔다. 해외에 한번 나갔다 오면 한국에서 3개월간 무비자로 지낼 수 있기 때문이다. 대마도에서 1박 2일 보내고 온 덕에 그녀는 불법체류자 신세를 면했지만 무비자 기간에는 '체류 외국인'이 아니라 '관광객' 신분이라 아무것도 할 수 없었다. 돈도 못 벌고 의료보험 혜택도 받을 수 없었다. 적은 시급을 받아도 한국에서 남자친구와 지내는 것이 행복하다던 마리는 결국 귀국길에 올랐고 사랑하던 남자친구와도 끝내 이별했다.

다른 외국인 친구들도 마리처럼 비자 만료 직전에 일본이나 중국을 갔다가 다시 한국에 입국해 생활을 이어나갔다. 하지만 생계를 유지할 수 없으니 결국 한국을 포기하고 본국으로 돌아갔다. 그 옆에서 내가 할 수 있는 일은 없었다. 귀국하고 싶지 않은 그들의 마음을 헤아리는 것뿐.

요즘에도 간간이 마리와 연락을 주고받는다. 한때 서울에 있는 것만으로도 좋다던 마리는 한국에 다시 오고 싶지 않아한다. 한국이 싫어져서가 아니라 한국어를 많이 까먹었을뿐더러 한국에 정착하는 게 어렵다는 것을 알기 때문이다. 아무것도 해주지 못했던 내가 원망스러웠다. 마리의 해맑고 환한 미소가 생각나 더 마음이 아팠다.

우리 동네와 이태원 외국인 커뮤니티에서 만난 외국인

친구들은 마리처럼 한국을 떠났다. 스스로 원해서 돌아간 사람은 없었다. 비자 때문에 떠밀리듯 귀국을 선택했다. 유럽에서 돌아온 나만 이태원을 지키고 있다.

사회적인 빈집 털이

"어서 나오세요."
"아니, 나오지 마!"

내가 개선문 쪽 샹젤리제 거리에 살 때였다. 집 주변에 오스만 양식으로 지어진 크고 화려한 주택이 있었는데 경찰차가 그 앞에 서 있었다. 근처를 서성이며 들어보니 노숙자들이 오랫동안 집에 사람이 없는 것을 확인하고 무단 점거한 모양이었다. 해외에 나가 있던 집주인이 돌아왔을 땐 이미 노숙자들이 살림을 차리고 있었단다. 주인의 신고를 받고 온 경찰은 노숙자들과 대치 중이었다. 노숙자들에게 당장 이 집에서 나가라며 그들을 내쫓을 줄 알았는데 경찰은 강제 연행은커녕 그들과 '협상'을 하고 있었다. 경찰은 그들에게 이곳에서 얼마나 살았는지, 언제 나갈 건지, 어떻게 다른 거처를 마련할 건지 등 계획을 물었다. 긴 대화 끝에 유예기간은 6개월로 정해졌고 경찰은 그 기간 내에 집을 비우라고 권고했다.

한 시간가량 상황을 지켜보면서 이런 생각이 들었다. 노숙자들은 불법을 저질렀으면서도 당당하네. 경찰은 왜 곧바로 그들을 끌고 나오지 않을까. 왜 집주인은 그런 조치에 순응할까. 관용의 나라답게, 인권의 나라답게 개개인을 인정하며 상황을 점잖게 마무리한 것 같았다. 이 사건이 어떻게 끝나는지를 보면 의문이 풀릴 듯해 유예기간이 종료될 즈음 다시 오기로 했다.

약속한 6개월이 지난 후, 경찰이 찾아왔다. 길거리에는 구경하는 시민들이 몰려들었다. 다들 나처럼 고개를 빼꼼 내밀고 있었다. 경찰은 그전보다 한층 엄격한 태도를 보였다. "어서 집에서 나오세요. 나오시라고요." 노숙자들이 집에서 버티고 있는지 경찰은 확성기에 대고 큰 소리를 냈다. 그러자 시민들은 "나오지 마, 나오지 마"를 외치며 노숙자들을 응원했다. 이번에도 강제 연행은 없었다. 현장에는 경찰의 경고와 시민의 지지만 오갔다. 노숙자들은 한 발짝도 나오지 않았다. 그저 창밖으로 상황을 멀뚱멀뚱 지켜보고 있었다.

나는 어느 한쪽 편을 들지 못하고 두 편 다 응원했다. 노숙자를 잡아가지 않는 경찰도, 노숙자를 진심으로 성원하는 시민들도 모두 이해가 갔다. 경찰이 확성기를 켤 때 그쪽으로 고개를 끄덕였고 시민들이 소리를 지를 땐 같이 오른팔을 흔들었다. 어느새 나는 중립이 아니라 '양립'을 고수하고 있었다.

노숙자들의 단순 해프닝인 줄 알았는데 '빈집 털이'는 유럽의 유구한 사회운동이었다. 1970년대 네덜란드에서 시작된 주택점거운동 '스쾃*squat*', 네덜란드어로 하면 '크라컨 *kraken*' 운동이다. 노동자들이 대도시의 주거난과 사회적 불평등에 대항해 주택의 사유화와 부동산 투기 문제를 비판하며 시작됐다고 한다. 운동가들은 빈집에, 몇 주에서 길게는 몇 달 동안 거주하며 빈집 문제를 의제로 끌어냈다. 집주인이 주택을 여러 채 소유해서 그 집을 사용하지 않고 비워뒀으니 우리가 그곳에 들어가 사는 거라면서. 그들의 불법 점거에는 집은 투자, 투기 대상이 아니라 생활공간으로서 기능해야 한다는 사회적인 주장이 함축되어 있었다.

내가 그 현장에서 경찰과 시민, 노숙자를 모두 지지했듯 여전히 틀린 사람은 없다고 생각한다. 집주인은 집에 대한 법적 권리를 지닌다. 평생을 일해 그 자산을 마련했을 수 있기에 그가 운동가의 행동을 부당하다고 여기는 것은 당연하다. 경찰을 통해 퇴거를 요청할 만하다. 반대로 운동가들에게 빈집은 자산이 아니다. 생존 수단이다. 주거 공간을 결정할 수조차 없는 이들에게는 별다른 선택지가 없다는 사실을 몸소 보여주는 셈이다. 노숙자의 대변인으로서, 시민의 대표로서 주거 문제를 시각적으로 드러낸다.

눈 뜨기가 무섭게 집값이 치솟고 월세가 터무니없이 비싼 서울에 살면서 나는 뼈저리게 느꼈다. 한국에서 집은 행복과 안락함을 누리는 주거 공간이기보다 '나의 진짜 집'을 위해 잠시 거쳐가는 공간으로 기능한다는 사실을. 돈을 아무리 모아도 내 집을 사기 힘든 현실에서 많은 사람들이 '내 집 마련'을 위해 평생을 소처럼 일하고 대출을 받고 이자를 갚아나간다. 그런데 누군가에게 집은 자산을 더 늘리기 위한 수단이다. 집을 위해 다른 집을 사고, 다른 집을 위해 또

다른 집을 산다. 집이 없어서 집을 '옮겨다녀야 하는' 사람과 집이 많아서 집을 '옮겨다닐 수 있는' 사람의 간극이 끝없이 벌어지고 있다.

파리에서의 경험은 내게 합법과 불법의 문제로 그치지 않았다. 집을 둘러싼 생존권과 사회의 책임은 무엇인가라는 정치적이고 사회적인 질문을 던졌다. 나는 스콧운동 같은 빈집 털이가 많아지고, 여러 채를 소유한 사람들을 공격하고, 집이 없는 사람과 집이 많은 사람이 싸워야 한다고 주장하는 것이 아니다. 안전한 공간에서 살 권리는 누구에게나 있다는 말을 하고 싶을 뿐이다. 주거권은 우리 모두의 권리니까.

서울을 비롯한 수도권 지역에 빈 상가가 점점 늘고 있다. 핫 플레이스로 유명한 이태원의 경리단길만 봐도 수개월에서 수년 이상 방치된 상가가 수도 없이 많다. 상가에 대한 수요가 없는 게 아니다. 누군가는 장사를 하고 싶어도 어마어마한 권리금, 보증금, 월세를 감당하지 못해 임대계약을 포기하고 있다. 공급은 계속 늘어가고 수요는 공급에 상응하는 비용을 부담하지 못하는 현실이다.

이제는 이 치열한 도시 서울에서, 나아가 한국에서 더 많은 사람들이 더불어 살 수 있는 방법을 모색할 시간이다.

이십대의
사랑과 복지

초겨울 저녁 여덟 시 즈음, 동네를 산책하고 있는데 커플로 보이는 두 사람이 눈에 들어왔다. 어린 두 남녀가 주택 계단에 걸터앉아 두런두런 이야기를 나누고 있었다. 따뜻한 캔커피를 손에 쥐고 쌀쌀한 밤공기를 달래고 있었다. 뭐가 그렇게 즐거운지 웃음이 끊이질 않았다. 서로에게 기대 온기를 나누는 사랑스러운 커플을 보니 낭만 가득한 파리의 여느 연인들이 생각났다.

센 강변, 몽마르트르 언덕, 마르스 광장, 대학가 공원, 구석진 곳에 있는 계단…… 어딜 가든 커플들이 다리를 뻗고 앉아 있었다. 그들은 크루아상이나 바게트를 뜯어 먹고, 서로를 마주보며 수다를 떨고, 연인의 다리를 베고 누워 있고, 운하를 따라 천천히 걸었다. 특별한 것을 하지 않아도 행복하다는 듯 서로에게 웃음을 보냈다. 가끔 진하게 키스를 나누는 커플도 만났다. 그곳에 본인들만 있는 양 주변은 전혀 신경쓰지 않았다.

길거리에 서서 키스하는 커플을 처음 봤을 때는 깜짝 놀랐다. 개방된 장소에서 낯뜨거운 애정 행각을 보여서는 안 된다고 배워온 나에게는 문화 충격이었다. 굳이 여기서 입을 맞춰야 할까 하는 생각도 들었지만 시간이 지날수록 남의 시선을 전혀 의식하지 않고(사실 프랑스인들은 누가 길에서 뽀뽀를 하든 키스를 하든 포옹을 하든 별 관심을 갖지 않는다. 그것은 그들의 '자유'니까.) 사랑을 나누는 그들의 자유로움이 점점 아름다워 보였다. 다른 사람에게 폐 끼치지 않는 선에서 프랑스인들은 사랑을 마음껏 속삭였다. 무얼 하든지 간에 사랑하는 사람과 함께하는 순간을 소중히 여겼다.

캔커피 하나 들고 감정을 주고받는 연애, 그런 풋풋한 연애를 나는 언제 했었더라. 이십대 초반의 내가 어렴풋이 떠오른다. 이십대, 인생에서 가장 돈 없는 시기. 이제 성인이라고 부모님께 마냥 손 벌리지는 못하고 아르바이트로 생활비를 버니 가난할 수밖에. 그때를 돌이켜보면 캔커피 커플처럼 남자친구와 학교 운동장이나 잔디 광장에 앉아 이야기하고 손을 잡고 동네를 산책했다. 돈 모아서 가끔 맛있는 음식을 사 먹고 영화도 보고. 일상을 공유하고 밥 먹고 길을 걷고 했던 소소한 연애가 오히려 더 기억에 남는 것 같다. 딱 그때만 할 수 있는 연애니까.

그래서 '돈이 없어서 연애를 못 한다' '연애는 사치다' 같은 젊은 친구들의 말이 슬프게 들린다. 한창 이것저것 도전하고 여러 사람 만나볼 시기인데 돈이 걸림돌이 되어버렸다니 쓰디쓴 현실이다. 돈 없이 연애할 수 있다고 말하는 건 거짓말이다. 요새 집 밖을 나가기만 해도, 식당, 카페, 영화관 등 어디를 가도 돈을 써야 하기 때문이다. 꼭 연인이 아니더라도 누군가를 만나면 지출도 그만큼 발생한다. 게다가 하루에 두세 번이라도 대중교통을 이용하면 한 달 교통비가 10만 원을 훌쩍 넘어 있다. 비싼 학비에 데이트 비용까지…… 대학생들에게 연애가 부담될 수밖에 없는 현실이다.

프랑스 학생들이 왜 그렇게 여유로운 연애를 즐길 수 있었을까, 곰곰이 생각해보면 학생 복지가 탄탄했다. 우선 대학 등록금이 1년에 30만 원 정도로 한국 대학교의 13-25배는 저렴하다. 사립대학교나 특수고등교육기관인 '그랑제콜'을 제외한 공립대학교의 학비긴 하지만 대학 평준화로 프랑스 대학교 대부분이 공립인지라 프랑스 학생들은 학비를 크게 걱정하지 않는다. 지역마다 있는 학생용 교통 정기권으로 저렴하게 돌아다니고, 한 달에 한 번 2만 5천 원만 내면 영화를 무제한으로 관람할 수 있다. 학생증만 보여주면 미술관, 박물관도 무료로 입장한다. 게다가 1유로로 프랑스 정부 산하 기관의 학생식당 '레스토 위$_{Resto\ U}$'를 이용할 수 있다. 외식비가 비싼 식당만큼 퀄리티가 좋지는 않지만 싼값으로 프랑스 전역의 학생식당에서 한끼를 해결할 수 있다는 장점이 있다.

당장 학비부터 1년에 몇 백만 원, 많게는 몇 천만 원을 내야 하는 한국의 이십대들이 연애를 사치라고 생각하는 건 당연하다. 학생 복지가 있다 하더라도 할인 폭이 크지도 않고 연인과 갈 만한 곳에는 학생 혜택이 거의 없다. 돈 없으면 사랑도 못 한다는 말이 절로 나온다. 하지만 그 나이대에만 할 수 있는 연애가 분명히 있다. 한강에 돗자리 펴고 앉아 집에서 싸 온 도시락을 먹고, 편의점 캔커피를 들고 근처 공원에서 실없는 대화를 나누고, 시장에서 떡볶이 사 먹는 데이트.

사랑을 둘러싸고 있는 형태보다는 내 곁에 있는 사람과 함께하는 밀도 높은 시간 자체가 소중하다고 생각한다. 사랑하는 사람과는 무얼 하든 즐겁고 행복하니까. 그러니 그 사랑을 꽃피울 수 있도록 학생 복지가 현실적으로 마련되었으면 좋겠다. '요즈음 젊은이들은 낭만을 몰라' 같은 말로 그들을 나무랄 게 아니라 낭만과 여유를 되찾을 수 있도록 재정적인 도움이 필요하다.

내가 줄곧 사랑을 노래하고 학생 복지를 외친 것은 사랑을 하고 사랑을 받아본 사람이 사랑을 나눌 줄 알기 때문이다. 사람들에게 공감하고 손을 내미는 행위는 사랑에서 비롯되니까. 그래서 어린 친구들이 다양한 사랑을 겪어봤으면 하는 언니 혹은 누나의 마음으로 사랑을 이야기해봤다. 누구도 돈이 없어서 사랑을 포기하지 않기를.

낭만이
나라를
구한다

파리에 정착한 지 한두 달 지난 토요일 밤 열두 시, 프랑스어를 공부할 겸 집에서 TV를 틀어놓고 있었다. 당시 나는 프랑스어를 잘 못할 때라 프랑스어를 귀에 익히려고 집에서 늘 TV를 켜두었다. 그날도 아무 생각 없이 TV를 보고 있는데 갑자기 포르노 영상이 나오는 게 아닌가. 에로틱한 영화가 아니라 성 산업 콘텐츠인 '그' 포르노. 모자이크 하나 없는 '생'포르노였다. 19금 전문 채널이나 유료 채널도 아니고 공중파 채널에서 떡하니 그런 영상을 내보내니 더 당황스럽고 충격적이었다. 아무리 늦은 시간이라고 해도 아이들이 볼 수도 있는데 문제되지 않을까, 프랑스가 한국보다 훨씬 더 성에 개방적이라지만 이렇게까지 진보적이었나, 이해가 잘 되지 않았다.

프랑스 친구들을 만났을 때 어떻게 공중파 채널에서 포르노 영상을 방송할 수 있느냐며 내가 얼마나 놀랐는지 이야기했다. 그러자 한 친구가 그 이유를 설명해주었다.

"출산 장려를 위한 방송일걸? 주말 밤에는 연인들이 집에서 붙어 있잖아. 나라에서 무엇을 해준다고 해도 사람들이 애를 안 낳으니까 포르노라도 보여줘서 연인들이 그런 기회를 가지라고 방송으로 틀어주는 거지. 요새 정부가 과학자처럼 이것저것 다 실험해보는 것 같더라."

2000년대에 들어서면서 프랑스는 역사상 처음으로 저출산 문제에 맞닥뜨렸다. 정부는 저출산을 해결하기 위해 부랴부랴 전문가들을 불러모았다. 하지만 국내에는 참고할 만한 정책이 없었고 스페인이나 독일도 저출산에 직면하지 않았던지라 주변에서 성공 사례를 찾아볼 수도 없었다. 결국 프랑스는 출산율을 높이기 위해 실험적인 정책을 펼치기 시작했는데 포르노 방송이 그중 하나였다.

버스 정류장, 옥외광고판 등 길거리 곳곳에 '사랑에 빠진 런던, 2인 왕복 100유로'라는 포스터도 붙었다. 런던여행과 저출산이 무슨 상관이지? '아이가 미래입니다' '한 자녀보다는 둘, 둘보단 셋이 더 행복합니다' 같은 직관적인 표어를 봐온 나에겐 저 문구가 크게 와닿지 않았다. 그러나 간접적인 문구와는 정반대로 포스터 그림은 아주 노골적이었다. 콩 같이 생긴 정자들이 노른자로 비유된 난자를 향해 달려가는 그림. 두 사람이 런던에 가서 허니문 베이비를 만들고 돌아오라는 메시지였다. 달걀과 콩을 활용한 그림 말고 누군가를 기다리는 듯한 아이 사진도 포스터에 쓰였다. 그 누군가는 자신을 낳아줄 엄마와 아빠일 것이다.

이 캠페인은 유럽의 여러 대도시를 연결하는 고속열차 기업인 '유로스타'에서 만든 선전으로, 연인 둘이 단돈 100유로만 내면 런던 왕복 티켓과 호텔 1박 숙박권을 받을 수 있다고 대문짝만하게 광고했다. 파리-런던 왕복에는 성인 한 명당 150-200유로가 드는데 연인 두 명이 100유로만 지불하면 된다니, 거기에 주말 숙박권까지 준다니 당시에도 파격적인 할인이었다. 포르노 정책과 비슷하게 커플들이 사랑을 나누고 시간을 보낼 기회를 마련해준 것이다. 애인과 함께 있어야 아이를 만들든 안 만들든 할 테니까. 연인과 여행을 가면 평소보다 로맨틱한 상황이 자주 펼쳐지기 마련이니 프랑스 정부가 기대한 일들이 많이 벌어지지 않았을까?

정부는 그 효과를 톡톡히 본 모양이다. 역대 최저의 출산율을 보이던 프랑스는 2010년 출산율 2.03명에 도달했다. 그렇다면 그 시절 프랑스의 전략이 왜 통했을까? 포르노와 런던여행, 이 두 정책만 봐도 알 수 있다. 출산율을 높이는 정책이라고 한들 출산만을 목적으로 두지 않고 부부든 커플이든 낭만을 누릴 수 있는 혜택들을 여기저기 심어둔 것이다. 낭만은 젊은 사람들의 마음을 움직였고 1인당 아이 두 명이라는 수치를 기록했다.

우리나라도 어느 순간부터 나라에 아이가 없다면서 여러 대책을 내놓기 시작했다. 하지만 연인이나 부부가 진정 원하는 것이 무엇인지, 왜 청년들이 점점 연애하지 않는지, 그리고 저출산의 근본적인 원인과 문제가 무엇인지 깊이 생각해본 적은 없는 듯하다. 돈을 줄 테니 아이를 낳으라고 설득할 뿐이다. 꾸준히 치솟는 물가, 비싼 사교육비 등 경제적 부담이 저출산의 큰 원인 중 하나이지만 그저 돈 때문에 출산을 주저하는 게 아니라는 것은 국민 모두가 알고 있는 사실이다.

프랑스가 이렇게 저출산을 해결했으니 무작정 그 정책을 따라 하자고 말하는 게 아니다. 돈에 앞서 무엇이 더 중요한지 생각해달라는 것이다. 옆에 있는 사람과 행복한 미래를 꿈꾸면서 함께하는 시간, 그 여유부터 마련되어야 한다. 아이를 낳으려면 성관계라는 선행 단계가 필요하고 관계를 위해선 부부와 커플이 함께 시간을 보내야 한다. 결국 사랑과 낭만이 그 출발점인 셈이다. 프랑스 정부는 그 사실을 정책에 반영해 성공적인 결과를 이끌어냈다. 출산 장려에 앞서 사랑과 낭만부터 격려해야 할 시점이다.

천사들이
       동에 번쩍
     서에 번쩍

　　　　　　　　　　새벽에 야간 버스를 타고 귀가하는 길. 밖이 너무 어두워서 버스가 우리 동네를 지나친 줄도 몰랐다. 내려보니 버스 종점이었고 하필 그 버스가 막차였다. 바람이 쌀쌀하게 부는 11월 밤, 나는 반사적으로 손으로 팔을 감쌌다. 외곽에 위치한 정류장 주변은 어둠에 잠겨 있었다. 내 옆에는 나와 같이 막차에서 내린 사람이 있었다. 내 또래로 보이는 프랑스 여자. 나는 그녀에게 다가가 내가 잘못 내려서 여기까지 왔는데 혹시 택시를 부르는 걸 도와줄 수 있느냐고 물었다. 그녀는 이렇게 늦은 시간에는 이곳에 택시가 안 다닌다는 청천벽력 같은 소식을 전했다. 내가 어떻게 집으로 돌아갈지 머리를 굴리고 있는데 그녀가 잠시 기다리라고 했다. 자신을 데리러 오는 남자친구에게 너를 데려다달라고 할 테니 걱정하지 말라며. 그녀는 곧바로 남자친구에게 "나와" 하고 전화를 끊었다.

우리는 추위에 벌벌 떨며 차를 기다리는 동안 두런두런 이야기를 나누었다. 십 분쯤 지났을까, 방금 잠에서 깬 듯한 남자친구가 도착했다. 새벽 운전으로 무척 피곤해 보이는 사람에게 그녀는 통보를 했다. "너, 이 친구 먼저 데려다줘야 해." 갑작스러운 요구에 그의 얼굴이 살짝 일그러졌다. 고래 싸움에 낀 새우처럼 내가 안절부절못하고 있자 그녀는 편하게 뒤에 타라며 문을 열어주었다.

자다 일어나서 가뜩이나 피곤한데 생판 모르는 여자 집까지 들러야 하는 상황에 짜증이 났는지 남자친구는 투덜거리기 시작했다.

"내가 너를 데리러 왔지, 모르는 여자도 데려다주려고 나온 거니?"

"이렇게 추운 밤에 외국인이 택시도 못 타고 집에도 못 가고 있는데 데려다주면 좀 어때서?"

우리집에 갈 때까지 둘의 싸움은 계속됐다. 나는 눈치를 슬금슬금 보다가 지갑에서 50유로를 꺼내 기름값이라도 보태고 싶다며 남자에게 돈을 건넸다. 흔쾌히 돈을 받는 남자의 뒤통수에 손이 날아왔다. 그녀는 그에게서 돈을 뺐고는 내 티셔츠 목을 잡아당겨 내 속옷 안에 돈을 마구 집어넣었다. 십 초 만에 벌어진 일이라 손쓸 새도 없었다.

"나 너한테 돈 받으려고 한 거 아니야. 네가 집에 무사히 왔으면 됐어."

그녀는 어두운 버스 정류장에서 밤을 새워야 했던 나에게 선뜻 도움의 손길을 내밀었으면서 나를 안심시켜주기까지 했다. 그 따뜻한 마음씨에 고마움을 가득 담아 인사를 하고 가려는데 운전석에서 불평이 들렸다. 나한테 고마워서 돈을 주는 건데 네가 그걸 왜 뺐냐며. 그러자 그녀는 성질을 냈다.

"생각해봐. 내가 아시아에 여행을 갔는데 밤에 길을 잃었어. 택시도 안 잡히는데 주변에 사람 하나 없어. 혼자 추위에 덜덜 떨고 있다고. 그런 상황에 너는 아무도 나를 안 도와줬으면 좋겠어?"

2차전이 시작됐다. 싸움의 원인이 나인 게 뻔한데 어쩌면 좋을까. 쩔쩔매는 나에게 그녀는 괜찮다고, 얼른 집에 가라고 말했다. 전혀 괜찮지 않아 보였다. 내가 내리고 나서도 둘은 그 자리에서 꼼짝 않고 한참을 싸웠으니까.

주말에 외출하고 돌아오는 길에 발목을 접질린 적이 있었다. 심하게 삐었는지 걷기가 힘들었다. 주말에는 약국과 병원이 모두 문을 닫아서 약이나 파스를 구할 방법이 없었다. 발목을 질질 끌고 집에 가 유학생 친구에게 연락했다. 그는 얼음을 넣은 봉지에 수건을 감싸 발목에 대고 있으라고 알려주었다. 집에는 얼음이 없었고 결국 옆집 문을 두드렸다. 옆집에는 엘리베이터를 타고 내릴 때 가볍게 인사를 나누는 또래 프랑스 여자가 살고 있었다. 잘 모르는 사이지만 그런 걸 따질 때가 아니었다. 나는 다짜고짜 옆집에 찾아가 얼음이 있느냐고 물었다. 그녀는 지금은 얼음이 없다고 많이 아프냐고 나를 걱정해주었다. 나는 걷기가 힘들지만 내일이면 나을 것 같다고 말하고 집으로 돌아왔다. 부기라도 빠졌으면 하는 생각에 발목을 살짝 주무르고 있던 참에 그녀가 우리집 문을 두드렸다. "많이 아픈지 걱정되어서 왔어요. 혹시 많이 아프면 차로 응급실에 데려다줄까요?" 그녀는 걱정어린 얼굴을 하고 있었다. 그 따스한 마음에 가슴이 뭉클해졌다.

"그렇게 말해줘서 정말 고마워요. 내일도 혼자 병원에 갈 수 없을 만큼 아프면 그때 도움을 요청해도 될까요?"라고 묻자 그녀는 언제든 자신을 찾아오라고 말했다.

다행히 그다음 날에 부기가 가라앉았는지 걸을 만해서 그녀에게 병원에 가지 않아도 괜찮겠다고 말해두었다. 그녀는 병원에 가야 할 일이 생기면 아무 때나 문을 두드리라며 싱긋 웃었다.

프랑스 여성들은 곤란한 상황에 처하거나 도움이 필요한 사람들에게 적극적으로 손을 내밀었다. 특히 파리 지하철역 계단에서 누군가 유모차에 아이를 태우고 낑낑대고 있으면, 누군가 양손에 무거운 짐을 들고 있으면 여자들이 쏜살같이 달려왔다. 언제 어디서나 시민의 위험을 감지하고 그들을 돕는 영화 속 히어로처럼. 조금이라도 난처해 보이는 사람에게 여자들은 성큼 다가갔다. 젊은 프랑스 여성부터 흑인 이민자 아주머니까지, 나이와 인종에 상관없이 여자들이 여자를 도왔다. 최선을 다해 도와주고 자신의 할 일이 끝나면 쿨하게 갈 길을 갔다. 그들이 떠나고 난 자리에는 다정함이 남았다. 그 마음을 받은 사람은 다른 사람에게 그 마음을 전했을 것이다. 천사가 다른 천사를 만들고 또다른 천사를 만들어가는 세계라니. 그렇게 동에 번쩍 서에 번쩍, 천사들이 나타나 누군가를 돕고 홀연히 사라졌다.

내가
너를
좋아해

"이번 주 금요일에 같이 저녁 먹을래?"

프랑스에서 남자가 이런 말을 꺼낸다면 그건 사실상 데이트하자는 의미다. 비즈니스 미팅이 아니라면 말이다. 그러니 여자가 남자의 말에 알겠다고 답하는 건 데이트 신청을 받아준다는 뜻이다.

유학 시절, 아시아 유학생 여자들이 프랑스 남자의 식사 제안을 아무런 의심 없이 받아들였다가 겪은 웃긴 이야기를 자주 들었다. 가벼운 자리인 줄 알고 약속에 나갔는데 남자의 끈적한 눈을 보고 당황했다는 이야기. 상대가 데이트에

응한 줄 안 남자가 한껏 들떠 있어 그 오해를 풀었다가 서먹해졌다는 이야기.

"우리집에 저녁 먹으러 와." "우리 근사한 레스토랑에서 저녁 먹자." 이 말에는 단순한 데이트 신청을 넘어서 너랑 진지하게 만나보고 싶다는 의미까지 포함된다.

언니들은 이런 이야기들을 하며 이 대사들은 한국인의 '밥 한끼 하자'는 것과 의미가 다르니 신중해야 한다고 내게 신신당부했다.

그런데 요즘에는 이 대사가 더이상 쓰이지 않는단다. 구닥다리 멘트라나. 파리에 사는 친한 동생 K와 전화할 때였다. 요즘도 남자들이 이런 멘트를 던지냐며 K에게 물었다. 미디어나 SNS를 보면 요새 한국 이십대들은 데이트 비용을 더치페이로 부담하거나 아예 연애를 하지 않고 결혼할 생각 없이 자유롭게 사는 것 같아서 프랑스 이십대들의 연애는 어떤지 궁금했다. 그러자 K는 10여 년 전과 달라진 프랑스 대학생들의 충격적인 연애 문화를 알려주었다.

"언니, 프랑스 이십대들 사이에서 새로운 분위기가 만들어졌어. 2020년대에 들어서고 코로나19를 겪으면서 프랑스에 젠더 이슈가 이전보다도 더 많이 생겼었거든? 그런 사회적인 갈등과 문제를 접하면서 이십대들이 아예 고백 문화를 바꿔놨어. 지금은 좋아하는 사람에게 고백할 때 상대에게 이성애자인지, 동성애자인지, 양성애자인지 아예 물어보지 않아."

K는 상대를 남성과 여성으로 구분 짓지 않고 인간으로만 바라보기에 성정체성에 상관없이 상대에게 호감만 느낀다면 동성이든 이성이든 스스럼없이 고백하고, 서로 마음만 맞으면 사귀는 분위기라고 알려주었다.

"예를 들어 내가 이성애자인데 나에게 고백한 상대가 여자야. 그래도 '나는 동성애자가 아니라 이성애자야'라고 굳이 밝히지 않아도 돼. 그냥 미안하다고, 너는 내가 좋아하는 스타일이 아니라고 거절하면 되는 거지. 그러면 상대는 기분 나빠하지 않고 좋아하는 사람의 뜻을 충분히 존중해줘."

예전처럼 에둘러 데이트 신청을 하지 않고 간단명료하게 자기 마음을 직접 표현하는 고백 문화에서 오히려 거시적인 배려심을 느꼈다. 고백하는 사람은 상대의 성정체성을 배려하고, 상대는 성정체성을 거절의 이유로 삼지 않으니 고백받은 사람도 자기를 좋아해준 사람을 배려하는 셈이다. K는 '너는 이성을 좋아하면서 혹은 동성을 좋아하면서 왜 나를 좋아하지 않는 거야' 하고 거절한 상대를 탓할 일도 없으니

요즘 이십대가 이런 분위기를 반긴다고 덧붙였다.

프랑스 대학가에서는 성별이 누군가를 좋아하는 감정을 가로막을 일이 없다. 남자와 여자가 아니라 모두가 동등한 인간일 뿐이다. 성별이라는 필터를 벗고 나와 같은 인간으로 상대를 바라보며 "내가 너를 좋아해" 이 한마디만 꺼내면 된다.

한국도 프랑스만큼은 아니지만 성소수자에 대한 혐오를 멈추고 차별을 없애야 한다는 말들이 이성애자들 사이에서도 꾸준히 제기되고 있다. 특히 이십대, 삼십대를 중심으로 차별과 혐오, 인간의 존엄성에 대한 목소리가 커지고 있다. 하지만 퀴어 영화나 드라마, 커밍아웃한 사람에 대해 일방적으로 혐오를 드러내는 사람이 있고, 미디어에서는 성소수자가 단편적으로 다뤄지는 경향이 있다. 이런 분위기 속에서 고백은 곧 커밍아웃이 되기에 소수자가 좋아하는 상대에게 고백하는 것조차 쉽지 않다. 한국에서 성별은 아직 마음의 장벽으로 작용하고 있다.

좋아한다는 감정 앞에서 성별이, 성정체성이 그리 중요할까? 우리는 남자와 여자이기 이전에 인간이다. 인간이 인간을 사랑한다는데 무슨 말이 더 필요하겠는가.

시골 달걀과
도깨비

몇 년 전, 긴 추석 연휴를 보내러 본가에 내려갔을 때였다. 정년퇴직 후 부모님은 서울에서 차로 세 시간 거리의 시골에 집을 짓고 사시는데, 시골에 있는 동안 나는 새벽마다 잠을 설쳐야 했다. 새벽 네 시에 딱 맞춰 닭 한 마리가 울면 온 동네 닭들이 일제히 소리를 냈기 때문이다. 약속이라도 한 듯 퍼지는 울음소리…… 닭 합창단을 꾸렸나 싶었다. 며칠을 참다가 결국 폭발해 침대에서 벌떡 일어났다. 거실로 나와 아빠한테 온갖 짜증을 부렸다.

"아빠는 잠도 제대로 못 자는 시골에 왜 내려와 살아? 지금 새벽 네 시밖에 안 됐어. 닭 놈들이 시끄럽게 떼거지로 합창을 하면 어떻게 잠을 자라는 거야!"

"닭이 새벽에 울지, 그럼 한낮에 우냐? 너는 왜 당연한 걸로 짜증을 내? 너 그럴 거면 앞으로 집에 내려오지 마. 사람이 더불어 살 줄 알아야지. 이 세상에 너 혼자 사니?"

어린아이를 타이르듯 혼을 내는 아빠한테 나는 입도 뻥끗하지 못했다. 애처럼 군 게 민망하긴 했지만 철이 덜 든 나를 꾸짖는 아빠가 밉지 않았다. 오히려 나를 타이르는 아빠에게 감사했다.

아침이 되어 집 밖으로 나왔더니 정원 테이블에 바구니 하나가 놓여 있었다. 그 안에는 달걀이 한가득 담겨 있었다. 닭을 기르는 이웃집에서 갓 나온 유정란을 두고 간 것이다. 뽀얀 달걀을 보니 얼굴에 열이 올랐다. 잠 못 자겠다고 새벽에 한바탕 난리를 친 내가 부끄러워서.

추석날 이른 새벽, 바깥에서 시끄러운 소리가 들렸다. 합창단이 또 시작됐군, 하고 다시 누우려는데 주인공은 닭이 아니었다. 마을회관에서 울리는 사이렌이었다. 이장님이 확성기로 긴급안내방송까지 하셨다. 얼마나 급하길래 이 새벽에 방송을 하나 싶어 거실로 나왔더니 아빠가 등산복으로 급히 갈아입고 나갈 준비를 하고 계셨다. 내가 밖이 깜깜한데 어딜 가시냐고 묻자 아빠는 뒷집 할아버지가 어제 낮에 버섯 딴다고 산에 가셨는데 아직 돌아오지 않으셨다고, 동네 남자들 모두가 소방대원들과 함께 할아버지를 찾으러 산에 올라가야 한다고 하셨다. 하필 그날 새벽에 기온이 엄청 낮았던지라 마을 사람들은 애타는 마음으로 할아버지가 무사하시기만을 빌었다. 아침 제사도 못 지내고 모두가 힘을 합쳐 산을 뒤진 덕분에 점심쯤 할아버지는 집으로 돌아오셨다.

점심을 먹고 뒷집 할아버지 안부를 여쭈러 마을회관에 갔다. 동네 어르신들은 다행히 할아버지가 식사도 잘하시고 다친 곳 하나 없다고 말씀하셨다. 그러더니 나에게 절대 산에 혼자 가면 안 된다고 당부하셨다. 산을 아무리 잘 타도 혼자는 위험하다면서 한 어르신은 산에서 도깨비를 조심해야 한다고 알려주셨다. 지금 시대가 어느 땐데 도깨비? 하고 내가 웃음을 터뜨리자 아빠와 회관에 계신 어르신들 모두 심각한 표정으로 도깨비가 있다고 확언하셨다. 그래도 내가 믿지 않으니 아빠는 도깨비가 있는 이유를 설명했다.

"큰 나무가 많은 산길은 어두워야 정상인데 가끔 유난히 밝은 길이 보여. 그 길이 사실 도깨비불 때문에 환해진 거야.

도깨비불에 현혹되어서 따라가면 결국 길을 잃는단다."

　동네 뒷산을 놀이터처럼 수십 년을 다닌 뒷집 할아버지도 어제 밝은 길을 따라가다가 길을 잃으셨다고 했다. 이게 다 도깨비 장난질 때문이라고. 옆에 계신 어르신들도 고개를 끄덕이며 맞장구를 치셨다. 옛날에는 도깨비불에 홀린 사람들이 정말 많았다고 수차례 강조하시면서.

　호랑이 담배 피우던 시절…… 전래동화에나 나올 법한 이야기를 믿어도 될지 모르겠지만, 한 가지는 확실했다. 동네 어르신 한 분을 위해 추석 제사까지 제쳐두고 마을 사람 모두가 나서는 모습이 내 가슴 깊은 곳을 울렸다는 것이다. 넷플릭스 드라마 〈폭삭 속았수다〉의 이웃들이 작은 시골 마을에 실재하고 있었다. 달걀을 가져다주던 이웃, 소리 높여 방송하던 이장님, 발 벗고 나서던 어르신들까지 진정한 공동체를 실감하는 순간이었다. 공동체는 한 지역에 같이 사는 집단이 아니라 배려와 존중을 베풀며 연대를 이어가는 집안 식구들과도 같다. 개인의 자유와 독립을 중시하는 흐름이 생겼다지만, 여전히 우리 사회에는 공동체의식이 깊게 뿌리내리고 있다. 결국 인간은 누군가와 함께할 때 더 아름다운 존재라는 사실을 다시금 깨달았다. 동네 어르신들이 주신 값진 교훈이었다.

에필로그

그들이 떠난 자리에는
다정함이 남았다

 불쾌할 만큼 더웠던 날 저녁, 해방촌에서 약속이 있어 마을버스를 기다리고 있었다. 길이 좁은 탓에 줄을 서지 않고 도로 쪽으로 서 있었는데 버스가 딱 내 앞에 섰다. 나는 평소에 하던 대로 카드를 찍으면서 기사님에게 '안녕하세요' 하고 인사를 드렸다. 그러자 내 뒤에 있던 사람들도 차례로 안녕하세요, 하고 버스를 탔다. 나에게 영향을 받은 건지 아니면 원래 인사를 잘하던 분들인지 모르겠지만, 인사를 건네던 순간만큼은 모두가 짜증나는 더위를 잊은 듯 해맑은 표정을 짓고 있었다. 서울에 살면서 나 말고 누군가 기사님의 안부를 묻는 모습은 그날 처음 보았다.

 나는 한국에 돌아와서도 버스나 택시 기사님, 식당 종업원 등 일상적으로 마주치는 사람들에게 '안녕하세요' '감사합니다'를 말했다. 유럽에서 해온 대로 늘 안녕을 빌었다. 사소한 말이 온기와 행복을 전한다고 믿기 때문이다.

한국은 외국만큼 낯선 이에게 스스럼없이 인사하지 않으니 그날도 나만 속삭이고 말겠지 했는데, 경리단길을 오르는 작은 버스에서 사람들은 다정함을 주고받았다. 오랜만에 말 한마디가 채워주는 기쁨을 느꼈다.

미국을 비롯한 영미권 국가에서는 누군가 재채기를 하면 "블레스 유*bless you*!"라고 말한다. 상대에게 축복을 빌어준다는 의미이니 참 따뜻한 말이다. 서양은 생리현상에도 따스하게 반응해주는지, 프랑스에서는 재채기 한 번에 온갖 사랑을 전한다.

옆에 있던 사람이 재채기하면 "아 테 스웨*À tes souhaits*!"라 말한다. '에취'에 너의 소망이 이뤄졌으면 좋겠다고 조용히 응원을 해주는 셈이다. 만약 재채기를 연달아 한다면 "아 테 아무르(À tes amours, 너의 사랑이 이루어지기를)"라고 사랑도 빌어준다. 세번째 재채기까지 했을 땐 사랑의 영원까지 기도해준다. "켈 뒤르 투주르(Qu'elles durent toujours, 그 사랑이 영원하기를)!"라는 말로.

재채기하는 모습을 보거나 그 소리를 들은 사람들은 항상 로맨틱하게 반응해주었다. 스치듯 건네는 그 한마디에서 프랑스인들이 얼마나 다정하고 아름답게 언어를 사용하는지, 일상적인 표현에도 타인에 대한 존중을 담는지 느낄 수 있었다.

나는 책을 통해 파리와 퀼른에서 겪은 경험을 말하며 작은 친절이 주는 행복을 이야기하고 싶었다. 모두가 바빠서 팍팍해진 요즈음, 일상 속의 온기를 느끼기를 바랐다. 별것 아닌 말이 하루를 기분좋게 만들어주니까. '인간은 말을 만들고, 말은 사람을 만든다'라는 말처럼 사람과 사람을 잇는 연결은 한마디에서 시작되니까.

이 책을 읽은 누군가는 내 이야기에 고개를 끄덕이고, 누군가는 새로운 시선을 마주할 것이다. 살아온 시간이 다르니 책을 읽은 소감도 다를 것이다. 그러나 이 마음만은 꼭 전달되었으면 좋겠다. 나의 글이 당신의 삶을 좀더 화사하고 따뜻하게 만들어주는 씨앗이 되었기를 바라는 마음 말이다.

다정한 날들이 단단한 인생을 만들지

초판 인쇄	2025년 8월 18일
초판 발행	2025년 8월 28일
글	임희재
책임편집	오예림
편집	변규미 김현정
디자인	조아름
마케팅	김도윤
브랜딩	함유지 박민재 이송이 박다솔 조다현 김하연 이준희 복다은
제작	강신은 김동욱 이순호
펴낸이	이병률
펴낸곳	달 출판사
출판등록	2009년 5월 26일 제406-2009-000034호
주소	10881 경기도 파주시 회동길 455-3
이메일	dal@munhak.com
SNS	dalpublishers
전화번호	031-8071-8682(편집) 031-8071-8681(마케팅)
팩스	031-8071-8672
ISBN	979-11-5816-197-2 (03810)

◉ 이 책의 판권은 지은이와 달에 있습니다.
◉ 이 책 내용의 전부 또는 일부를 재사용하려면
　반드시 양측의 서면 동의를 받아야 합니다.
◉ 달은 ㈜문학동네의 계열사입니다.